सीन : 75

सीन : 75

राही मासूम रज़ा

राजकमल प्रकाशन

ISBN : 978-81-267-0812-3

मूल्य : ₹495

पहला संस्करण : 1977
पाँचवाँ संस्करण : 2023

प्रकाशक : राजकमल प्रकाशन प्रा. लि.
1-बी, नेताजी सुभाष मार्ग, दरियागंज
नई दिल्ली-110 002
शाखाएँ : अशोक राजपथ, साइंस कॉलेज के सामने, पटना-800 006
पहली मंजिल, दरबारी बिल्डिंग, महात्मा गांधी मार्ग, प्रयागराज-211 001
वेबसाइट : www.rajkamalprakashan.com
ई-मेल : info@rajkamalprakashan.com

मुद्रक : विकास कंप्यूटर एंड प्रिंटर्स
ट्रॉनिका सिटी-201 102

SEEN : 75
Novel by Rahi Masoom Raza

वसीयत

मेरा फ़न तो मर गया यारो
मैं नीला पड़ गया यारो
मुझे ले जाके ग़ाज़ीपुर की गंगा की गोदी में
सुला देना।
मगर शायद वतन से दूर मौत आये
तो मेरी यह वसीयत है
अगर उस शहर में छोटी-सी एक नद्दी भी
बहती हो
तो मुझको
उसकी गोद में सुलाकर
उससे कह देना
कि यह गंगा का बेटा आज से तेरे हवाले है।

मैं तीन माँओं का बेटा हूँ। नफ़ीसा बेगम, अलीगढ़ यूनिवर्सिटी और गंगा। यह 'सीन : 75' अपनी तीनों माँओं को भेंट करता हूँ। नफ़ीसा बेगम मर चुकी हैं। अब साफ़ याद नहीं आती। बाक़ी दोनों माँएँ जिन्दा हैं और याद भी हैं।

—राही मासूम रज़ा

भूमिका

जिसको देखिए,
जिससे मिलिए,
औरों-जैसा लगता है।
इस बस्ती में
जैसे किसी की अपनी कोई पहचान नहीं।

सीढ़ियों पर
फिर किसी की चाप है।
फिर कोई बे-चेहरा होगा,
मुँह में होगी जिसके मक्खन की ज़बाँ।
सीने में होगा जिसके एक पत्थर का दिल।
आएगा,
और मुस्कराकर,
मेरे दिल का एक वरक़ ले जाएगा।

—राही मासूम रज़ा

फेड इन

खिड़की की सलाख़ों के उधर, ग्रिल के उस पार, नारियलों के झुंड तक उतरकर चाँद रुक गया था और अली अमजद खिड़की की सलाख़ों से अपना चेहरा लगाये, नारियल के झुंड में उतरे हुए चाँद को देख रहा था। यह पता नहीं कि अली अमजद कमरे के अन्दर क़ैद था या चाँद कमरे के बाहर!

शायद दोनों ही गिरफ़्तार थे! एक कमरे के अन्दर और दूसरा कमरे के बाहर। चाँद में ज़िन्दगी नहीं, और इधर कुछ दिनों से अली अमजद ने भी, अपने-आपको ज़िन्दों में गिनना छोड़ दिया था और शायद इसीलिए इधर कुछ दिनों से, उसे चाँद अच्छा लगने लगा था।

कमरे में गई रात का सन्नाटा था। गई रात का सन्नाटा कमरे के बाहर भी था। खजूरों का झुंड चुप था। पुराने क़िले का खँडहर चुप था। खँडहर की कमर में बाँहें डाले हुए वह सड़क चुप थी जो बिला किसी वजह के उस खाड़ी तक जाके यकायक ख़त्म हो जाती है जिसमें कभी मछेरों की हरे, पीले, गेरुये और तिरंगे झंडोंवाली नौकाएँ भी नहीं

दिखाई देतीं। कभी वह खाड़ी अवश्य किसी काम की रही होगी, नहीं तो उसके मुँह पर क़िला क्यों बनाया गया होता! कभी नौकाएँ आती रही होंगी उस खाड़ी में और तभी वहाँ तक एक कच्ची सड़क बनाई गई होगी जिस पर स्वतंत्र भारत की एक कॉरपोरेशन ने तारकोल और कंक्रीट का ग़िलाफ़ चढ़ा दिया और वह सड़क एक बा-इज़्ज़त सड़क हो गई। और जब वह सड़क बिना किसी कारण के बाइज़्ज़त हो गई तो उसका नाम रखना भी ज़रूरी हो गया! तो डेढ़-दो सौ बरस तक बेनाम जीवन व्यतीत करने के बाद एकदम से उस सड़क का नाम पड़ गया। सीमेंट का एक बड़ा-सा बोर्ड बना और उस पर रोमन, देवनागरी और मराठी अक्षरों में 'लाला अशरफीलाल मार्ग' लिख दिया गया। एक उपमंत्री ने नाम के उस बोर्ड का उद्घाटन किया और उद्घाटन के फ़ौरन ही बाद वह उपमंत्री और सड़क पर बसनेवाले तमाम लोग उस सड़क का नाम भूल गए और नाम के शानदार बोर्ड का मज़बूत स्तम्भ कुत्तों के मूतने के काम में आने लगा।

कॉरपोरेशन से न किसी ने यह पूछा कि इस सड़क का नाम रखने की क्या ज़रूरत थी और न यही पूछा कि यह लाला अशरफीलाल कौन हैं। इस सड़क के मेकअप और नामकरण पर कुल मिलाकर तीन लाख, सत्तासी हज़ार, आठ सौ सोलह रुपए, सवा चार आने ख़र्च हुए—सवा चार आने यूँ कि जिन दिनों की यह बात है, उन दिनों नया पैसा नहीं चला था और आने-पाई ही में हिसाब हुआ करता था हालाँकि उन दिनों की जवान पीढ़ी ने पाई की सूरत भी नहीं देखी थी। विद्यार्थियों ने बस, यह सुन रखा था कि पाई भी कोई चीज़ होती है और हिसाबे-तिजारत में बहुत काम आती है। चार पाई का एक पैसा। चार पैसों का एक आना। चार आनों की एक चवन्नी। दो चवन्नियों की एक अठन्नी। दो अठन्नियों का एक रुपया। चवन्नी और इकन्नी के बीच में एक दुअन्नी। इकन्नी और पैसे के बीच में एक अधन्नी

भी हुआ करती थी। तब हिसाब करने में बड़ा मज़ा आया करता था। पाई से रुपए तक एक सीढ़ी चढ़ जाना पड़ता था, इसीलिए पैसे और रुपए के बीच की कड़ियाँ ग़ायब हो जाने से हिसाब का सारा रस सूख गया। और हिसाब का रस सूख जाने का फ़ायदा उठाया सेठ-साहूकारों ने। जब तक लोग नये पैसे का मिजाज समझें-समझें, क़ीमतें आसमान पर चली गईं और हर दमड़ीलाल लाला अशरफीलाल बन गया! और जब हमारे मार्गवाले लाला का देहान्त दिल की गति बन्द होने से हुआ तब सारे देश को पहली बार पता चला कि लालाजी के सीने में कोई दिल भी था! पत्र-पत्रिकाओं को बातें बनाने का मौक़ा मिल गय! एक पत्रकार ने लिखा कि जब अल्लाह ने अशरफीलाल का पुतला बनाया तो स्टाक-रूम से ख़बर आई कि स्टाक में कोई दिल ही नहीं है। यहाँ पुतला तैयार था। बिल्टी भेजी जा चुकी थी। डिलिवरी की तारीख़ पड़ चुकी थी। इसलिए अल्लाह मियाँ ने दिल की जगह मलका विक्टोरियावाला चाँदी का एक रुपया रखकर अशरफीलाल को बुक कर दिया। यही कारण था कि लालाजी ने जिस चीज़ को हाथ लगाया, वह रुपया बन गई। परन्तु इससे यह मतलब न निकाला जाए कि लालाजी ने घर में कोई टकसाल डाल ली थी। नहीं-नहीं, लालाजी ऐसे आदमी नहीं थे। वह बड़े धार्मिक महापुरुष थे। जात-पाँत, धर्म-अधर्म, छूत-अछूत का भेदभाव नहीं मानते थे! हरिजन हो या शर्मा ब्राह्मण, सबसे बराबर सूद लेते थे, सब पर बराबर नालिश करते थे और सबके यहाँ बराबर कुर्की लाते थे। उनके गाँव महाराजगंज की चमटोली (चमारटोली) में भारतमाता का जो राजीला और चमचमाता हुआ मन्दिर है, उसका सारा ख़र्च लाला अशरफीलाल ही ने उठाया था। उनके शहर में जो मोमिन अंसार नेशनल हायर सेकेंडरी स्कूल है, वह लालाजी ही की दान की हुई ज़मीन पर है। लालाजी ने कई गोशालाएँ और धर्मशालाएँ भी बनवाईं... और जिन दिनों निकाह तक के लिए चीनी मुश्किल से मिलती थी, उन

दिनों भी लाला अशरफीलाल की तरफ़ से महाराजगंज की चींटियों को रोज पक्के सेर की एक पंसरी चीनी खिलाई जाया करती थी। कहते हैं कि लालाजी के देहान्त के बाद भी चींटियों के गोल महीनों तक उन रास्तों पर लालाजी का इन्तज़ार करते रहे...

दूसरे महायुद्ध में लालाजी ने बड़ा पैसा बनाया। उन्हें कई फौजी ठेके मिल गए। और वह आदमी से बड़े आदमी बन गए। परन्तु उन्हीं दिनों उन्होंने यह भाँप लिया कि भारत अब आज़ाद हुए बिना नहीं मानेगा और देश पर गांधी की पार्टी राज करेगी, तो उन्होंने कई बड़े नेशनलिस्टों की तरह अंग्रेजों से कुट्टी कर ली। रायसाहबी लौटाके जेल चले गए। और चार महीने बारह दिन जेल में रहकर सन् पैंतालीस की तेरह दिसम्बर को छूटे तो देशभक्तों में गिने जाने लगे। सन् बावन के चुनाव में उनका बड़ा बेटा एम.पी., छोटा बेटा एम.एल.ए. हो गया और ख़ुद लालाजी का स्वर्गवास हो गया।

देश नया-नया आज़ाद हुआ था। आज़ादी के फ़ौरन बाद देश में बड़े आदमियों की पैदावार एकदम से बढ़ गई थी और सड़कों की गिनती में कोई ख़ास बढ़ोतरी नहीं हुई थी। नतीजे में बड़े आदमी ज़्यादा हो गए और सड़कें कम पड़ गईं। तो एक-एक सड़क के दो-दो, तीन-तीन नाम रखे गए। इस चौराहे से उस चौराहे तक यदि सड़क का नाम 'मौलाना अब्दुल ख़ालिक़ मार्ग' है तो उस चौराहे से आगेवाले चौराहे तक वही सड़क 'बाबू दमड़ीप्रसाद मार्ग' है। जिस सड़क का नाम क्लाइव रोड था, वह एक दिन 'नेताजी सुभाषचन्द्र बोस मार्ग' हो गई, जैसे कि लार्ड क्लाइव और सुभाषचन्द्र बोस के रास्तों में कोई फ़र्क़ ही न रहा हो...!

पर सड़कों के नाम बदलने और एक ही सड़क के कई-कई नाम रखने से भी समस्या ख़त्म नहीं हुई। बहुत-से बड़े लोगों के नाम बच रहे। तो, बाक़ी नामों को खपाने के लिए, स्कूल और कॉलेज खोले गए। जिसे हम 'शिक्षा विकास योजना' समझते और समझाते हैं, वह

वास्तव में 'नाम-खपत योजना' थी और यही कारण है कि इन स्कूलों और कॉलेजों में पढ़ाने के लिए वे लोग रखे गए जिन्हें समाज और सरकार ने किसी और काम के लिए स्वीकार नहीं किया।

लाला अशरफीलाल जी के बड़े और छोटे, दोनों बेटों को समझाया गया कि वह भी मौक़े का फ़ायदा उठाकर लाला अशरफीलाल मेमोरियल नेशनल डिग्री कॉलेज खोलकर अपने साले को उसका प्रिंसिपल बना दें। यह भी अच्छा था कि दोनों भाइयों की बीवियाँ अलग-अलग थीं, पर दोनों भाइयों के बीच में साला एक ही था। तो दोनों बीवियों और इकलौते साले ने भी बड़ा ज़ोर मारा कि डिग्री कॉलेज खुल ही जाए। दोनों भाइयों को शिक्षा के फ़ायदे बताए गए। पर वे डटे रहे कि उन्हें तो एक सड़क चाहिए। और पूरे भारतवर्ष में कोई सड़क बची ही नहीं थी...। बड़ी मुश्किल से एक कच्ची सड़क का पता चला जो केवल तीन फर्लांग लम्बी है और एक बेनाम खाड़ी तक जाकर ख़त्म हो जाती है। इस सड़क का पता चलने के बाद लोगों की जान में जान आई और यह तय किया गया कि लालाजी को इसी कच्ची सड़क पर टरखा दिया जाए। पर लालाजी के बेटे राज़ी न हुए, इसलिए सड़क पक्की बनवाई गई और उत्तर प्रदेश के एक उपमंत्री उस सड़क का नाम रखने के लिए पधारे। यह बताने की ज़रूरत नहीं कि यह उपमंत्री छोटे और बड़े लाला के वही इकलौते साले थे जिन्हें रोज़गार से लगाने के लिए डिग्री कॉलेज की योजना बनवाई गई थी। राजनीति में वह बहुत सफल रहे। और यदि एक कार-एक्सिडेंट में उनका देहान्त न हो गया होता तो शायद वह उत्तर प्रदेश के मुख्यमंत्री हो गए होते...। अपोज़ीशन के एक साप्ताहिक ने एक सम्पादकीय टिप्पणी लगाई कि उत्तर प्रदेश यमराज का यह एहसान कभी नहीं भूलेगा।

यदि लाला अशरफीलाल बड़े आदमी न रहे होते और जो वह बड़े आदमी रहे होते और यदि उनके दोनों बेटे एम.पी. और एम.एल.ए.

न रहे होते और जो दोनों बेटे एम.पी. और एम.एल.ए. भी रहे होते और यदि दोनों बेटों का इकलौता साला उत्तर प्रदेश में उपमंत्री न लगा होता और उस साले का साला बम्बई में बड़े पैमाने पर सोशल वर्क न कर रहा होता तो उस सड़क का नाम 'लाला अशरफीलाल मार्ग' न पड़ा होता। और यदि उस सड़क का नाम 'अशरफीलाल मार्ग' न पड़ा होता तो हाउसिंग कोऑपरेटिव सोसाइटियाँ उस सड़क के किनारे बिल्डिंगें न बाँधतीं और यदि बिल्डिंगें न बँधतीं तो अली अमजद गई रात के सन्नाटे की दलदल में धँसा हुआ खजूरों के झुंड में अटके हुए चाँद को न देख रहा होता।

साबित यह हुआ कि समय 'यदियों' का एक सिलसिला है और हर गर्दन में कई-कई 'यदियों' का फन्दा पड़ा हुआ है। यदि जीवन में इस 'यदि' का दुम-छल्ला न लगा होता तो कितना अच्छा होता!... परन्तु 'यदि-वाद' और 'आदर्श-वाद' से बचने की कोई सूरत नहीं है।

दूसरे तमाम लोगों, मेरा मतलब है, तमाम शरीफ लोगों की तरह अली अमजद 'यदि-वादी' भी था और 'आदर्श-वादी' भी। डरता तो 'यदि-वादी' हो जाता और इस डर पर झल्लाता तो 'आदर्श-वादी'। और इसी डर और झल्लाहट के बीच में उसकी सारी ज़िन्दगी थी।

अली अमजद एक मध्यवर्गीय था। वह तमाम मध्यवर्गियों की तरह असन्तुष्ट भी था। वह ऐसा वीर भी नहीं था कि 'महावीर चक्र' पाए और ऐसा कायर भी नहीं था कि लड़ ही न सके। बनारस का रहनेवाला था। गोविन्दपुरा कलाँ की एक अँधेरी गली में उसके दादा ने एक तीनमंज़िला पथरीला घर बनवाया था। बनारस में इन पथरीले छोटे और ऊँचे घरों में नीचे एक छोटी-सी सहंची होती है और मंज़िलों पर सहंची की जगह लोहे की छड़ियों से पाट दी जाती है कि दोपहर की धूप झाँककर सहंची को देख सके। धूप और खुली हवा न मिलने के कारण व्यक्तित्व पनप नहीं पाता, इसीलिए बनारस

नेताओं में सम्पूर्णानन्द और हकीमों में हकीम काज़िम और शायरों में नजीर बनारसी से बड़ा कोई आदमी पैदा न कर सका। और यह शहर, इसीलिए केवल अपने मन्दिरों, घाटों, तवायफ़ों, कचौरी गली, कंठे महाराज, बिस्मिल्लाह खाँ, सितारा देवी, छुट्टे साँड़ों के लिए मशहूर होकर रह गया।

बनारस!

पता नहीं, आज बनारस कहाँ और कैसा है!

अली अमजद खिड़की से हट आया। चाँद से भला आँखें लड़ाने में कौन जीत सकता है! अतीत, वर्तमान, भविष्य—सबकी आँखें झपक जाती हैं पर चाँद की टकटकी नहीं टूटती। चाँद के मुकाबले में अली अमजद की तो बिसात ही क्या थी! उसकी आँखें तो यूँ ही झपकी हुई थीं। वह तो अपने-आपसे आँख मिलाने में भी लगभग हार चुका था।

उसने फिर चाँद की तरफ़ देखा। चाँद जहाँ-का-तहाँ था। कमरे के बाहर चाँदनी रात जाग रही थी और कमरे के अन्दर एक बेनाम, डरावना अन्धकार। मेज़ पर खुला हुआ क़लम जाग रहा था।

> रो२ ई के लिए अपने को बेचा किये हम।
> ताकि सिर्फ़ इसलिए कुछ लिखने से बाक़ी न रहे,
> कि क़लम खुश्क थे,
> और लिखने से माज़ूर थे हम।
> माज़ूर।
> मजबूर।
> बेबस।

और दीवार पर कैलेंडर जाग रहा था। पाँच जनवरी। सन् छिहत्तर। इतवार। पाँच जनवरी। बाप रे बाप, कैसी ठंड पड़ रही होगी उधर! हवा जाड़े से बचने के लिए लिहाफ़ों में घुसी जा रही होगी। जाड़ा अब

सिर्फ़ एक याद है। बहुत गर्म याद। जैसे अभी फ़्लैट की घंटी बजेगी और दरवाज़ा खुलते ही जाड़ा दौड़कर उसे लिपटा लेगा...।

अली अजमद ने हाथ बढ़ाकर कैलेंडर पर तारीख़ बदल दी। पाँच जनवरी की जगह छह जनवरी हो गई। दिन इतवार की जगह सोमवार हो गया। अरे बाप रे बाप! ग़ज़ब हो गया! आज तो शूटिंग है। नौ बजे की शिफ़्ट है। सीन तैयार नहीं है और कलाई पर बँधी हुई घड़ी एक चुहिया की तरह समय को कतरती चली जा रही है। दो बजकर सत्ताइस मिनट, पचीस,...छब्बीस सेकेंड हो गया।...और मेज़ पर खुली हुई फ़ाइल जाग रही थी।

सीन : 75 : दिन : डाकख़ाना

काग़ज़ पर यह सुर्ख़ी उसने शाम के साढ़े आठ बजे डाली थी। डाइरेक्टर हरीश राय ने चौथी बार ज़रा झल्लाके कहा था—"कमाल है अमजद! इतना सिम्पिल सीन तुम्हारी समझ में नहीं आ रहा है?"

सीन वाक़ई साधारण था। मुंशी सड़क बैठे एक ख़त लिख रहे हैं और एक बुढ़िया ख़त लिखवा रही है। बुढ़िया का रोल लीला मिश्रा कर रही हैं और मुंशी सड़क का रोल संजीव कुमार कर रहे हैं।

परन्तु 'सीन : 75 : दिन : डाकख़ाना' वाक़ई उसकी समझ में नहीं आ रहा था। और हरीश राय का यह पूछना भी ग़लत नहीं था कि यह सीन उसकी समझ में क्यों नहीं आ रहा है, क्योंकि कमर्शियल हिन्दी सिनेमा में यह सीन होते कहाँ हैं जो समझ में न आएँ?

प्रेमचन्द!

यशपाल!

अली अब्बास हुसैनी!

राजेन्द्र सिंह बेदी!

सीन : 75

कृश्न चन्दर!

इस्मत चुग़ताई...

और कमरे के अन्दर ये सारे नाम जाग रहे थे।

फ़िल्म का नाम था 'चौराहे का दादा'। और अब तो उसे बिना सोचे लिखने की प्रैक्टिस हो गई थी। सीन लिखना बाएँ हाथ का खेल हो गया था। पहले सोच के लिखा करता था तो डाइरेक्टर, हीरो, हीरोइन, धाक कैरेक्टर आर्टिस्ट—सभी उन सीनों में कीड़े निकालने बैठ जाया करते थे क्योंकि फ़िल्मी दुनिया में लेखक के सिवा सभी लोग लेखक होते हैं। चाहे सही हिन्दी बोल न सकें, पर लेखक होते हैं। दिलीप कुमार से लेकर राजकुमार तक, सबको लिखने का बड़ा शौक़ है। राजकुमार, राजेश खन्ना, धर्मेन्द्र, दिलीप कुमार—सभी के घरों में अच्छी किताबें हैं। कई लोगों का घर ही इस किताब-सप्लाई पर चल रहा है। पर यह बेचारे स्टार तीन-तीन शिफ़्टें करनेवाले, पढ़ने के लिए वक़्त कहाँ से निकालें! पर लिखने में क्या वक़्त लगता है! लेखक ही का क़लम लिया और सीन 'ठीक' कर दिया...।

पहले तो अली अमजद को सीनों की 'ठीक कराई' बहुत बुरी लगा करती थी। वह लड़ जाता था। बेरोज़गार रहा करता था। एक गेस्ट हाउस में पड़ा हुआ था।

'डिक्रूज़ गेस्ट हाउस'।

बान्द्रा तालाब के नुक्कड़ पर।

चार आदमी...सपनों के चार सौदागर मिलकर रहा करते थे—एक कमरे में एक पलंग था। कबाड़िए की दुकान से ख़रीदा हुआ एक सोफ़ा था जिसका कपड़ा फट चुका था। पांच पतलूनें थीं। छह क़मीज़ें थीं। बेशुमार खटमल थे और चार आदमी थे!

अली अमजद!

हरीश राय!

सीन : 75

वी.डी. (नाम वीरेन्द्र कुमार था। एक मरतबा किसी को हो जाएँ तो छूटते नहीं थे, इसलिए वी.डी. कहे जाने लगे)!

अलीमुल्लाह खाँ!

अली अमजद लेखक बनने आया था। फ़िल्म माध्यम का कैसा पब्लिक बलात्कार हो रहा है। हिन्दुस्तान एक जाहिल मुल्क है। जाहिलों के लिए फ़िल्म से ज़्यादा पॉवरफुल कोई माध्यम हो ही नहीं सकता। कृश्न चन्दर, बेदी, इस्मत आपा ने तो लेखकों की नाक कटवा दी। लानत है शैलेन्द्र, मजरूह और साहिर पर...लाल-लाल गाल...वाह, क्या शायरी है!...यह लोग बिक गए हैं काले रुपए के हाथ। अपना व्यक्तित्व और अपना आदर्श खो दिया है इन लोगों ने।...मैं ऐसा नहीं करूँगा।...मैं, मैं और मैं...।

डिक्रूज़ गेस्ट हाउस के मछरीले और खटमलिये कमरे में आठ महीने या शायद आठ बरस या शायद आठ सदियाँ गुज़ारने के बाद भी अपने सपनों को सूली पर चढ़ा रहा अली अमजद नक़वी, एम.ए., एल-एल.बी.।

आपस में तय यह था कि जो पहले आएगा, वह मसहरी पर सोएगा।

इस मसहरी का भी एक क़िस्सा था। यह 'अदले-जहाँगीर' नामी एक फ़िल्म में जहाँगीर के सोने के लिए बनाई गई थी। जिस दिन सेट पर आई, उसी दिन जहाँगीर की टाँग टूट गई। तीन महीनों के लिए शूटिंग रुक गई। जहाँगीर की टाँग ठीक हुई तो नूरजहाँ ने शादी कर ली और हनीमून के लिए यूरोप चली गईं! दो महीनों के लिए शूटिंग बन्द हो गई। फिर डेटें मिलीं तो नूरजहाँ की तलाक़ हो गई और वह ग़म ग़लत करने के लिए कश्मीर चली गईं—एक उभरते हुए सितारे के साथ और वहाँ उन्होंने शराब के नशे में कह दिया कि जहाँगीर बनने के लायक़ तो यह है, वह पाँच फ़ीट पाँच इंच का आदमी क्या खाके जहाँगीर बनेगा! तो जहाँगीर ने कहा कि हीरोइन बदलो। दो-तीन महीने

और गए। हीरोइन बदली गई। फिर सेट लगा। ठीक शूटिंग के दिन हीरो के घर में बेटी पैदा हो गई। हीरो का मूड ख़राब हो गया। पैक-अप हो गया। अब प्रोड्यूसर को फ़िक्र हुई कि क़िस्सा क्या है। वर्ली की बर्मावाली के यहाँ कारें दौड़ीं। पता चला कि सारा क़सूर पलंग का है।...हरीश राय उस यूनिट में फोर्थ असिस्टेंट लगा हुआ था। तो वह शाही पलंग उसने माँग लिया।

इसलिए ईमानदारी की बात तो यह है कि वह मसहरी हरीश राय की थी। पर चारों-के-चारों लेफ्टिस्ट थे। सोशलिज़्म, चेग्वारा, कानू सान्याल—गई रात तक ये चारों इन्हीं लोगों के साथ रहा करते थे और चारमीनार पिया करते थे। तो उस शाही पलंग पर एक आदमी का अधिकार कैसे मानते? यदि वे चार पतलूनों को सोलह पतलूनें मानकर जी सकते थे तो एक मसहरी एक ही मसहरी कैसे रह सकती थी? जो पहले आएगा, वह मसहरी पाएगा।

अली अमजद भी उन दिनों काम से लगा हुआ था। फन्दा जी के लिए कहानियाँ लिख रहा था। फन्दा जी बड़े सेकुलर थे परन्तु मुसलमानों का छुआ नहीं खाते थे, तो हरीश ने अली अमजद को गौरीशंकर लाल 'क्रान्तिकारी' कहकर लगवा दिया था वहाँ और वह वहाँ कहानियाँ लिखने के सिवा उनकी बेटी पुष्पलता की कविताएँ ठीक करने और फन्दा पटयालवी से मुसलमानों की हरमज़दगी का आँखोंदेखा हाल सुनने का काम किया करता था। हालाँकि जब पेशावर, रावलपिंडी और लाहौर में दंगे हो रहे थे तो फन्दा जी बरेली में दवाएँ बेचा करते थे। बरसों बाद जब उन्हें पता चला कि गौरीशंकर लाल 'क्रान्तिकारी' वास्तव में अली अमजद है तो फिर उन्होंने अली अमजद से बात नहीं की और हरीश राय की तो वह सूरत देखने को तैयार नहीं थे। उन दिनों उनकी तूती बोल रही थी इसलिए बेचारा हरीश राय कई जगहों से निकाला गया...और अब इस एक कमबख़्त 'सीन : 75 : दिन : डाकख़ाना'

की वजह से दोस्त तक को झल्लाना पड़ा। 'चौराहे का दादा' हरीश की पहली बड़ी फ़िल्म थी। इसलिए उसे झल्लाने का पूरा हक था।

वह क़लम को तलवार की तरह सँभालकर बैठ गया। इस 'सीन : 75' की तो ऐसी-तैसी...!

उसने लिखना शुरू कर दिया :

सीन मुंशी सड़क की छतरी से शुरू होता है। मुंशी जी एक पाँव मोड़े और दूसरे पाँव के उठे हुए घुटने पर तख्ती रखे ख़त लिख रहे हैं। मियानी के पास पाजामे की सीवन कुछ दूर तक खुल गई है।

वह रुक गया। 'मियानी' से 'खुल गई है' तक पर उसने क़लम फेर दिया। एक तो सेंसर बोर्ड में बैठनेवाली औरतें मुंशी की मियानी नहीं फटने देंगी और फाइनेंसर और उसके ख़ानदानवाले इस पर खफ़ा होंगे कि मियानी की सीवन खुलवाने के लिए मुंशी सड़क ही रह गया? हीरोइन को साढ़े चार लाख दिये हैं, उसकी सीवन खुले तो साली पब्लिक का कुछ भला भी हो! बाद के सेंसर काट दे तो वाँदा नहीं...।

न जाने क्यों उसे 'माई के अड्डे' वाली मिसेज़ डिसूज़ा याद आ गईं! कड़की के दिनों में वी.डी. ने उस अड्डे का पता चलाया था। मिस्टर डिसूज़ा एक्साइज़ में जूनियर इंस्पेक्टर थे और 'माई का अड्डा' उन्हीं के इलाक़े में था। हफ़्ता बँधा हुआ था।

कहते हैं कि 'माई' बड़े ग़ज़ब की औरत हुआ करती थी। कहने को औरत थी पर मर्दों को गालियाँ याद करवाती थी। डाँडा के बड़े-बड़े दादा उसे सलाम करते थे और उसे 'माई' कहते थे। तो नौबत यहाँ तक आई कि पुलिसवाले भी उसे 'माई' कहने लगे।

ख़ुद वेजिटेरियन थी, पर मछली ऐसी तलती थी कि पूछिए मत! उसके यहाँ शराब भी दूसरे अड्डों से अच्छी बनती थी और

सीन : 75

'माई का अड्डा' फ़िल्मवालों में बड़ा पॉपुलर था। राजकपूर से लेकर साहिर लुधियानवी तक सभी उधार पी चुके हैं। वह फ़िल्मवालों के सिवा किसी को उधार देती भी नहीं थी। फ़िल्मवालों से उसका रिश्ता ही कुछ और था।

उसका इकलौता बेटा श्यामलाल बनारसी फ़िल्मों में एक्स्ट्रा था। बड़ा सजीला जवान। हीरोइनें मरती थीं। पर वह किसी की तरफ़ आँख उठाके नहीं देखता था। मज़े में दिन-भर फ़िल्मों में काम करता और गई रात तक अड्डे पर।

फिर उसे जाने क्या सूझी कि एक्स्ट्रा लोगों की यूनियन बनाने के चक्कर में पड़ गया। कहता था, "सप्लायर लोग सब खा जाता है। एक्स्ट्रा बहन लोग का इज़्ज़त अलग ख़राब करता है। ऊनियन बनेगा। इन्किलाब ज़िन्दाबाद।"

एक दिन वह 'फ़ेमस महालक्ष्मी' से मीटिंग करके आता रहा कि कोई पीछे से उसकी पीठ में छुरा घोंप दिहिस!...तो फ़िल्मवाले बेटे तो हो ही गए न!

अड्डे पर उधार पीनेवालों में से जो भी मशहूर हो जाता, वह अड्डे पर उसका फ़ोटो टाँग देती और उसके बारे में यूँ बात करती, जैसे वह किसी और माँ का बेटा न हो, बल्कि उसका अपना श्यामलाल बनारसी हो!...उसे किसी ने रोते नहीं देखा था। पर श्यामलाल की मौत के बाद वह एकदम से बूढ़ी हो गई।

उन्हीं दिनों मिस्टर डिसूज़ा रिटायर हुए तो उन्होंने 'माई का अड्डा' ख़रीद लिया। पर 'माई' मालिकन न रह जाने के बाद भी मालिक ही रही। मिस्टर डिसूज़ा ज़रा टिर-पिर करते तो वह उनकी ऐसी ख़बर लेती कि उनके छक्के छूट जाते।

अड्डे का नाम भी 'माई का अड्डा' ही रहा। फ़िल्मवाले फक्कड़ी के दिनों में उसी तरह आते रहे और उधार पीते रहे!

सीन : 75

फिर एक रात ऐसा हुआ कि माई चुपचाप मर गई। यह ख़बर जंगल की आग की तरह सारी फ़िल्म इंडस्ट्री में फैल गई कि माई मर गई।

सवेरा होते गाड़ियाँ आने लगीं। जूनियर आर्टिस्ट एसोसिएशन, ऐक्टर्स गिल्ड, असिस्टेंट डाइरेक्टर्स एसोसिएशन, वग़ैरह-वग़ैरह की तरफ़ से अर्थी पर फूल-मालाएँ चढ़ाई गईं! डेविड अब्राहम और मनमोहन कृष्ण और महेन्द्रनाथ ने कन्धा दिया...। कहते हैं कि डाँडा से तब तक कोई ऐसा शानदार जनाज़ा नहीं उठा था। 'ब्लिट्ज़' में जनाज़े का फ़ोटो भी छपा!

माई मर गई। 'माई का अड्डा' ज़िन्दा रहा। वहाँ के लोगों को 'माई' की आदत पड़ गई थी तो धीरे-धीरे मिसेज़ डिसूज़ा माई कही जाने लगीं।

वी.डी. मिसेज़ डिसूज़ा या 'माई द सेकेंड' का चहेता बन गया था। उसने उन्हें यह झाँसा दे रखा था कि वह रोज़ी डिसूज़ा से शादी करना चाहता है। इसीलिए माई के अड्डे पर उसकी बड़ी मान-जान थी। डिसूज़ा साहब वी.डी. को पसन्द नहीं करते थे; पर बेचारे कर भी क्या सकते थे!

वी.डी. पैदाइशी बेरोज़गार था। वह अब तक तीन फ़िल्मों में काम कर चुका था। तीनों रोल बोलनेवाले थे।

एक फ़िल्म में वह विलेन का बॉडी-गार्ड बना था। उसमें संवाद तो उसे बहुत मिलते। पर लेखक साला उससे जलता था। तो उसने उस पात्र को गूँगा बना दिया।

दूसरी फ़िल्म में वह चौकीदार था। उसके सामने ही एक मर्डर हुआ। वह ज़ोर से चिल्लाया : 'ख़ून।' और किसी ने उसे गोली मार दी। उसके ख़याल में यही चौकीदार फ़िल्म का नायक था क्योंकि इसी चौकीदार का दो बरस का बेटा आगे चलकर हीरो बना और बाप के क़ातिलों का पता लगाए बिना उसने दम नहीं लिया। तो एक हिसाब से फ़िल्म उसी पर आधारित थी।

सीन : 75

तीसरी फ़िल्म में वह डॉक्टर-हीरो का कम्पाउंडर था। डॉक्टर का ज़्यादा वक़्त तो हीरोइन के साथ लव-सीन करने और गाने गाने में गुज़रता था, इसलिए मरीज़ों की देखभाल उसी को करनी पड़ती थी। उस फ़िल्म में उसे बहुत डायलॉग मिले। कोई पूछता, 'डॉक्टर साहब हैं?' और वह कहता, 'नहीं हैं।' (यह बात उसने पाँच बार कही।)... इसीलिए वी.डी. अपनी गिनती कैरेक्टर आर्टिस्टों में करता था।

'माई द सेकेंड' को फ़िल्में देखने का बड़ा शौक़ था। और रोज़ी को वह हीरोइन बनाना चाहती थीं। वी.डी. के लिए यही बहुत था। वह रोज़ी का पी.आर.ओ. हो गया। उसे हिन्दी-उर्दू भी पढ़ाने लगा। माई ने उसकी शराब मुफ़्त कर दी थी।

'**यह** क्या बेहूदगी फैला रखी है तुमने!' एक रात अली अमजद ने उसे डाँटा। वह रात वी.डी. की मसहरीवाली रात थी।

'ख़्वाहमख़्वाह बेचारी को सब्ज़बाग दिखला रहे हो।'

'वह देखती क्यों है?' वी.डी. ने बहुत ही साधारण-सा सवाल करके सबको चुप कर दिया, 'मैं पूछता हूँ, बेरोज़गारों के इस देश, भारत दैट इज़ इंडिया, में किसी लड़की की माँ को क्या हक़ है कि वह अपनी बेटी का नाम रोज़ी रखे?'

वी.डी. अजीब आदमी था। हर वक़्त सीरियस रहा करता था, जैसे क्रान्ति ख़ास उसी के पते पर आएगी; जैसे हिन्दुस्तान में उसके सिवा किसी और को क्रान्ति का इन्तज़ार ही नहीं था।

कभी-कभी तो अलीमुल्लाह उस पर बिगड़ जाता, 'छोड़ो यार! क्रान्ति आती भी हुई हो तो तुम्हारी सीरियसनेस देखकर डर जाएगी।'

इसीलिए तो जब यह वी.डी. रोज़ी डिसूज़ा से खिलवाड़ करने लगा तो सबको बड़ा आश्चर्य हुआ। वी.डी. और धोखाधड़ी? सवाल ही पैदा

नहीं होत्ता जी! पर वी.डी. यही कहता रहा कि उसे रोज़ी का नाम पसन्द है। वह घंटों रोज़ी को दिन-भर की रूदाद बताता। बी.आर. चोपड़ा ने आज रोज़ी को अपनी 'नेक्स्ट' फ़िल्म में 'ब्रेक' देने का पक्का वादा किया है। नासिर हुसैन तो बोले कि अब्भी लाव, नेक्स्ट फ़िल्म के लिए साइन कर लेता हूँ। पर वह तो बिलकुल ही 'इसकेपिस्ट' फ़िल्में बनाता है। मैं तुम्हें वहाँ काम नहीं करने दूँगा...।

अली अमजद और हरीश तो झेल जाते, पर अलीमुल्लाह पॉलिटिकल साइंस में एम.ए. था। गांधी को बूर्ज़वाज़ी का एजेंट और नेहरू को ब्रिटिश स्पाई कहा करता था। वह झल्ला जाता। कहता, 'वी.डी., तुम्हारा मार्क्सवाद फ्रॉड है। तुम साला उसको इमसाक की गोली बनाकर खाता है...'

वी.डी. मुस्कराता और कहता, 'रोज़ी बड़ी टैलेंटेड लड़की है। टैलेंट को आशा की ओस चटाते रहना चाहिए...'

"हाँ, तो उसे आशा पारेख का सेक्रेटरी बनवा दो। साला, मुफ़्त की शराब के लिए यह सब चक्कर चलाए हुए है।..."

वी.डी. और अलीमुल्लाह में एक मिनट नहीं पटती थी। और अलीमुल्लाह ही कामवाला था। बाक़ी तीनों दोस्तों को महीने के आख़िर में फ़ाइनेंस भी किया करता था। तीनों दोस्तों के महीने का आख़िर अलग-अलग शुरू हुआ करता था। हरीश को महीने की 15 को तनख़्वाह मिलती थी, तो उसके महीने का आख़िर पहली-दूसरी से लगता था। कभी-कभी उसके महीने का आख़िर कई महीनों तक फैल जाता था क्योंकि छोटी और मझली फ़िल्म कम्पनियों में तनख़्वाह का कोई भरोसा नहीं है। वी.डी. के महीने का आख़िर लगभग साल-भर चलता था। अली अमजद के महीने का आख़िर आम तौर से महीने के आख़िर ही में होता था। बस, एक अलीमुल्लाह था जो साढ़े आठ सौ तनख़्वाह पाता था। सौ-पचास ऊपर से कमा लेता था। और ज़्यादातर

सीन : 75

वी.डी. का बोझ उसी को उठाना पड़ता था। दोनों साथ के पढ़े हुए भी थे। रसड़ा, ज़िला बलिया के रहनेवाले थे। साथ-ही-साथ बम्बई आए थे। एक-दूसरे को बहुत चाहते थे और एक-दूसरे से दिन-रात लड़ा करते थे।

हरीश और अली अमजद को अलीमुल्लाह से वी.डी. ही ने मिलाया था। अली अमजद और हरीश एक रात, 'माई के अड्डे' पर अपनी फ़िल्म का प्रोपोज़ल बना रहे थे। वी.डी. पास ही बैठा दारू पी रहा था। पता नहीं, कब और कैसे और क्यों वह उनके साथ आ बैठा और प्रोपोज़ल में $33^{1}/_{3}$ प्रतिशत का साझेदार बन गया।

उस रात अली अमजद और हरीश, दोनों ही बे-घर थे। और इसी बेदर्द सचाई से पिंड छुड़ाने के लिए फ़िल्म के प्रोपोज़ल पर बहस कर रहे थे। राजेन्द्र कुमार को लेने या न लेने से साढ़े सात लाख का फ़र्क़ पड़ रहा था। ओवर-फ्लो अलग। अली अमजद कह रहा था कि राजेन्द्र कुमार ही को लेना चाहिए। हरीश कह रहा था कि राजेन्द्र कुमार घामड़ है। उसे एक्टिंग करना आता ही नहीं...धीरे-धीरे दोनों की आवाज़ें ऊँची होने लगीं। हरीश डाइरेक्टर था। अली अमजद लेखक...।

वी.डी. ने कहा, 'एक नया छोकरा आया है। राजेश खन्ना। सस्ता मिल जाएगा...चलिए, घर चलकर आराम से बातें करते हैं।'

कट।

डिक्रूज़ गेस्ट हाउस। कमरा नम्बर सात।

'यह अलीगुल्लाह खाँ हैं।' वी.डी. ने कहा, 'मेरे ही साथ रहते हैं। और अरे! आप लोगों का नाम तो पूछा ही नहीं। ख़ैर, क्या फ़र्क़ पड़ता है! यह बड़े मशहूर डाइरेक्टर हैं और यह प्रसिद्ध लेखक। आज से हमारे ही साथ रहेंगे...'

कट।

अली अमजद ने 'माई के अड्डे', उसकी मिसेज़ डिसूज़ा और डिक्रूज़ गेस्ट हाउस की यादों से मुआफ़ी माँग ली, क्योंकि चाँद खजूरों के झुंड से निकलकर न जाने कहाँ जा चुका था। कमरे के बाहर रात की आँख लग चुकी थी। कमरे के अन्दर वह जाग रहा था।

उसने फिर क़लम उठा लिया। पिछले लिखे को पढ़ा।

सीन : 75 : दिन : डाकख़ाना

सीन मुंशी सड़क की छतरी से शुरू होता है। मुंशीजी एक पाँव मोड़े, और दूसरे पाँव के उठे हुए घुटने पर तख्ती रखे ख़त लिख रहे हैं।...

उसने लिखना शुरू किया :

अबुलख़ैर की अम्मा सामने बैठी अपनी छोटी-सी पीतल की पन-कुटनी में पान का बीड़ा कूट रही हैं और ख़त का डिक्टेशन दे रही हैं।

अबुलख़ैर की माँ :

का लिक्खा बेटा?

मुंशीजी : (पढ़ते हैं)

अबुलख़ैर के अब्बा को बाद सलामालेकुम के मालूम हो कि हम ई ख़त नये मुंशीजी से लिखवा रहें। पुरानेवाले मुलुक चले गए। इस वास्ते थोड़े लिक्खे को बहुत जानो।

[वह अबुलख़ैर की माँ की तरफ़ देखता है।]

सीन : 75

अबुलख़ैर की माँ :

हाँ, लिक्खो। थोड़े लिक्खे को बहुत जानो और ख़त को तार समझो।...

'गेट आउट!' भोलानाथ खटक की आवाज़ आई।

अली अमजद ने सामनेवाली दीवार को माँ-बहन की कई गालियाँ दीं कि उसी दीवार के पार खटक जी और श्रीमती रमा चोपड़ा का सीन शुरू हो चुका था। बिल्डिंग के दूसरे लोग तो भोलानाथ और रमा के झगड़ों के आदी हो चुके थे, पर अली अमजद नया-नया आया था, इसलिए यह झगड़े सुनकर वह घबरा जाया करता था।

फ़्लैट की चाबी देते वक़्त मनचन्दानी ने होशियार कर दिया था। पर वह इतना भी नहीं समझता था। यहाँ से अच्छा तो डिक्रूज़ गेस्ट हाउस ही था। वहाँ सड़क का शोर था। खटमल थे। मिसेज़ डिक्रूज़ थीं...पर एक भोलानाथ चोपड़ा उन सब पर भारी थे।

उनका नाम भोलानाथ चोपड़ा था, पर 'सुरसिंगार' वाले उन्हें भोलानाथ खटक या खटक जी कहा करते थे क्योंकि बिल्डिंग में सबसे उनकी खटकी रहा करती थी।

भोलानाथ खटक दिल से तो यह चाहते थे कि 'सुरसिंगार हाउसिंग सोसायटी लिमिटेड' में उनके सिवा कोई न रहे। वह अपनी बीवी और बच्चों को भी मुश्किल ही से अपनों में गिनते थे। इसलिए किसी ऐसे का उस बिल्डिंग में रहना उन्हें एक आँख नहीं भाता था जो उनकी बीवी-बच्चों में न हो। पर बेचारे थे मध्यवर्गी। पूरी सोसायटी में अकेले रह नहीं सकते थे। सोसायटी में कुल मिलाकर, चौबीस फ़्लैट थे और चौबीस परिवारों के लिए थे और चौबीस ही परिवार रहते भी थे। और चौबीस परिवारों के नौकर-चाकर भी रहते थे।

सीन : 75

इस भीड़-भाड़ को भी खटक जी किसी-न-किसी तरह झेल भी जाते, परन्तु परेशानी की बात यह थी कि तमाम नौकर-चाकर अपने-अपने मालिकों ही को मालिक मानते थे जबकि खटक जी यह चाहते थे कि बिल्डिंग के सारे नौकर उनको अपना मालिक मानें। बिल्डिंग के नौकरों को यह बात मंज़ूर नहीं थी।

परन्तु असली क़यामत तो तब आई जब ठीक उनके बग़लवाले फ़्लैट में अली अमजद आ गया। उसके परिवार में बाल-बच्चे थे ही नहीं। नौकर कई थे।

अली अमजद के आने की ख़बर सुनकर वह बहुत भुनभुनाए कि भुनभुनाने का उन्हें बड़ा शौक़ था। 'सुरसिंगार' वालों ने पहले उनका नाम भुनभुन चोपड़ा ही रखा था। बाद में मिसेज़ गुप्ता ने उन्हें खटक जी का खिताब दिया जो सर्वसम्मति से मान लिया गया।

रमा चोपड़ा यानी श्रीमती खटक का कहना यह था कि 'सुरसिंगार' आने के बाद ही नाथ को न जाने क्या हो गया है! पहले वह ऐसे नहीं थे। तो फ़िल्म के प्रसिद्ध लेखक और 'सुरसिंगार' नम्बर बारह के निवासी श्री रामनाथ ने छानबीन की और पता चला कि :

'सुरसिंगार' आने से पहले यह 'सी' ग्रेड क्लर्कों की एक कॉलोनी में रहा करते थे। वह इलेक्ट्रॉनिक्स की एक कम्पनी में बिल-कलेक्टर थे। एक सौ बानवे रुपए पगार पाते थे। भत्ता ऊपर से। रमा ने क्लर्कों की उस बस्ती को एक हज़ार बानवे पगार बता रखी थी। भत्ते और ऊपर की आमदनी अलग। नई-नई शादी हुई थी। नई-नई साड़ियाँ थीं। नये-नये गहने थे। कुछ पैसे भी थे। तो बात बनी हुई थी। पैसों को रमा ने बड़ी उस्तादी से सूद पर चलाना शुरू कर दिया। एक का डेढ़। क्लर्कों की बीवियों को पैसे की ज़रूरत तो हमेशा ही रहती है। इसलिए कॉलोनी में रमा की बड़ी इज़्ज़त हो गई थी।

खटक जी का भी बड़ा रोब था कि क्लर्क सिर झुकाकर जीने का

आदी होता है। फ़ाइलों के लिए जगह बनाने के लिए वह अपनी आत्मा को सरकाता रहता है, यहाँ तक कि आत्मा मेज़ से नीचे गिर जाती है और उसे पता भी नहीं चलता। और झाड़ू देनेवाला, दूसरे दिन, उसे कल के कूड़े के साथ फेंक आता है। पर बिना आत्मा का यह आदमी झल्लाया हुआ होता है और दूसरों की आत्मा की टोह में लगा रहता है। उस कॉलोनी का भी यही हाल था। सब खटक जी की इज़्ज़त भी करते थे और उनकी टोह में भी लगे रहते थे। और कॉलोनी का यह टीन का भगवान, बेख़बर, कॉलोनी की छत पर अपने कद के 5 फ़ीट 11 इंच का झंडा फहराता रहता था।

कि एक दिन ऐसा हुआ कि उस कॉलोनी के एक क्लर्क ने लंच के वक़्त अपने-आपको खटक जी के ऑफ़िस के आसपास पाया। श्री बाबूलाल श्रीवास्तव को लंच का भत्ता ऑफ़िस से मिलता, पर उन्होंने सोचा कि वह भत्ता बचा क्यों न लिया जाए? और यह उन्होंने इसलिए सोचा कि एक हज़ार बानवे पगारवाले पड़ोसी का ऑफ़िस पास ही था। तो वह भोलानाथ के ऑफ़िस की तरफ़ चल पड़े। परन्तु जब उन्होंने, बहुत अकड़कर, एक चपरासी से डिप्टी सेल्स सुपरवाइज़र मिस्टर भोलानाथ चोपड़ा के बारे में पूछा तो चपरासी ने यह कहकर मक्खी-सी उड़ा दी कि वहाँ उस नाम का कोई डिप्टी सेल्स सुपरवाइज़र नहीं है। हाँ, एक असिस्टेंट बिल कलेक्टर ज़रूर है। क्लर्क श्री बाबूलाल श्रीवास्तव समझे कि चपरासी मज़ाक़ कर रहा है, तो वह इससे उखड़ गए कि एक चपरासी की यह मजाल कि ग्रेड तीन के क्लर्क से मज़ाक़ करे! चपरासी भी बिगड़ गया। बड़ी गरमा-गरमी हो गई। यह तो ठीक उसी वक़्त खटक जी आ गए, नहीं तो बात शायद बहुत बढ़ गई होती।

परन्तु खटक जी ने जो श्री बाबूलाल को देखा तो उन्हें पसीना आ गया। तो, उन्होंने चपरासी को बोलने का मौक़ा ही नहीं दिया।

सीन : 75

जल्दी से चपरासी को डाँट-डपट के वह श्रीवास्तव जी को लेकर आगे बढ़ गए।

सामने एक चिलिया का रेस्तराँ भी था और 'क्वालिटी' भी। वैसे तो रोज़ वह चिलिया के चायख़ाने में दिन को उसल-पाव खा लिया करते थे, पर श्रीवास्तव जी को लेकर तो उन्हें 'क्वालिटी' ही में जाना पड़ा। एक हज़ार बानवे पगार पानेवाला (भत्ते और कमीशन अलग) भला उसल-पाव कैसे खा सकता था!

दस साल की नौकरी में खटक जी ने अब तक 'क्वालिटी' में बस एक बार चाय पी थी। एक सौ बानवे पगार पानेवाला 'क्वालिटी' जैसे रेस्तराँ में खाना नहीं खाता, केवल बोर्ड पढ़ता है और आगे बढ़ जाता है।

'क्या खाइएगा?' खटक जी ने जान पर खेलकर पूछा।

'तन्दूरी मुर्ग हो जाए।' श्रीवास्तव जी ने कहा कि इसके आगे वह कुछ जानते ही नहीं थे। और फिर उन्होंने मीनू-कार्ड उठा लिया। एक मीनू-कार्ड खटक जी के हाथ में भी था। श्रीवास्तव ऑर्डर देते जा रहे थे और खटक जी दिल-ही-दिल में, जल्दी-जल्दी हिसाब करते जा रहे थे।

दो तन्दूरी मुर्ग—18 रुपए।

'नहीं श्रीवास्तव जी, आज मंगल है ना। मंगल को मीट नहीं खाता मैं।'

'अमाँ छोड़िए! किस युग में रहते हैं आप...', श्रीवास्तव साहब फिर शुरू हो गए।

दो शाही क़ोर्मे—14 रुपए।

दो चिकन मक्खनवाला—22 रुपए।

...भोलानाथ खटक श्रीवास्तव जी की आवाज़ के गहरे कुएँ में डूबते चले गए और उनका दिल उनकी जेब के रेगिस्तान में भटकता रहा।...ऑर्डर सुनते-सुनते उनकी भूख मर गई।

सत्तासी रुपए सोलह पैसों का बिल आया। वह तो ख़ैरियत यह

हुई कि खटक जी बिल वसूलने के दौरे से लौटे थे, इसलिए जेब में पैसे थे। तो उन्होंने जेब में हाथ डालकर सौ-सौ के नोटों की गड्डी निकाली। फिर उन्होंने गड्डी से छाँट-छाँट के पुराने नोट निकाले। और उन पुराने नोटों से उन्होंने बिल अदा किया।

क्लर्क श्री बाबूलाल श्रीवास्तव ने सौ-सौ के इतने नोट एक साथ नहीं देखे थे। और जब खटक जी ने वेटर के लिए पाँच रुपए चौरासी पैसों का टिप छोड़ा तो बाबूलाल जी बेहोश होते-होते बचे।

तिरानवे रुपए ख़र्च तो हो गए, पर कॉलोनी पर धौंस भी बैठ गई।

रमा को यह ख़बर देर से मिली, क्योंकि वह श्रीमती सरला मिढा के साथ मैटनी शो देखने आई हुई थी। तय यह हुआ था कि खटक जी, 'नेपचून टॉकीज़' के सामने मिलेंगे और फिर वे लोग मिढा साहब के यहाँ जाएँगे और वहीं खाना खाएँगे।

रमा हफ़्ते में दो-तीन बार सरला के साथ ऐसे प्रोग्राम ज़रूर बना लिया करती थी। इसमें कई फ़ायदे थे। सिनेमा मुफ़्त। रात का खाना मुफ़्त। व्हिस्की मुफ़्त। व्हिस्की भी कैसी? असली स्कॉच! 'डिम्पिल', 'जॉनी वाकर' या कभी-कभी 'शिवास रीगल'।

खटक जी को अच्छी व्हिस्कियों के नाम ज़बानी याद थे। चोर-बाज़ार से ख़ाली बोतलें ख़रीदकर और उनमें चाय भरके उन्होंने अपने घर में पूरा बार सजा रखा था। पर अपने घर में वह पीते थे हिन्दुस्तानी व्हिस्की और वह भी महीने-दो महीने में एक-आध बार।

पर जब सरला से रमा की दोस्ती हो गई तो खटक जी रमा को याद दिलाने लगे कि उसे सिनेमा देखे दो दिन हो गए हैं और रमा तुरन्त पड़ोस के पब्लिक फ़ोन बूथ से सरला को फ़ोन करती, 'लिसिन (सुनो), आज बांद्रा टॉकीज में बड़ी सोंणी फ़िलम लगी है।'

सीन : 75

और सरला यूँ तैयार हो जाती जैसे सिनेमा जाने को उधार खाए बैठी रही हो!

बात यह है कि सरला बेचारी की अपनी समस्याएँ थीं। मिढा साहब को दूसरों की बीवियाँ ख़ूबसूरत दिखाई दिया करती थीं। और इसीलिए उन्हें सरला के लिए समय ही नहीं मिलता था। एक तरह से सरला को यह बात बुरी भी नहीं लगती थी। और उसे यह बात बुरी इसलिए नहीं लगती थी कि उसे मर्दों का शौक़ ही नहीं था। उसे ख़ुद दूसरों की बीवियाँ अच्छी लगा करती थीं। और यह शौक़ उसे सोफ़िया कॉलेज की एक टीचर मिस डिक्रूज़ से मिला था।

मिस डिक्रूज़ साहित्य पढ़ाया करती थीं। क्लास का काम न करो तो गालों में अजब तरह से चुटकी लिया करती थीं। ख़ुश होतीं तो लिपटकर अजीब तरह से प्यार कर लिया करती थीं। सीनियर लड़कियाँ उन्हें आपस में, मिस की जगह मिस्टर डिक्रूज़ कहा करती थीं। पहले तो मिसेज़ मिढा (जो उन दिनों सीधी-सादी सरला हुआ करती थी) की समझ में यह बात नहीं आई कि सीनियर लड़कियाँ अच्छी-भली मिस डिक्रूज़ को मिस्टर डिक्रूज़ क्यों कहती हैं! कभी हिम्मत करके पूछती तो जवाब में एक अजीब-सी हँसी मिल जाती।...फिर उसने देखा कि सूखी-सड़ी-सी मिस रुक़ैया दिलगीर ख़्वाहमख़्वाह उससे जलने लगी है। वह ठीक काम करती तब भी मिस दिलगीर, किसी-न-किसी बहाने, उसे डाँट ज़रूर पिला देतीं। वह उसे सबसे ज़्यादा होम वर्क भी देतीं। उसके कपड़ों पर एतराज़ करतीं।

सरला की समझ में रुक़ैया का ग़ुस्सा न आता तो वह रुआँसी होकर मिस डिक्रूज़ से कहती और वह मुस्कराकर उसे लिपटा लेतीं और उसके होंठों को चूम लेतीं या उसके होंठों पर धीरे से दाँत काट लेतीं या उसके मुँह में अपनी ज़बान डाल देतीं और सरला का कच्चा बदन एक अजीब-सी गुदगुदी से भर जाता।...नतीजे में मिस दिलगीर और रूठ जातीं।

सीन : 75

तब एक दिन स्टाफ़-रूम में मिस डिक्रूज़ ने, सारी टीचरों के सामने, मिस दिलगीर को बहुत डाँटा कि वह सरला को नाहक़ परेशान करती हैं, मिस दिलगीर रोने लगीं। और मिस डिक्रूज़ एक और टीचर से हँस-हँस के बातें करने लगीं।

सरला के आने से पहले मिस डिक्रूज़ और मिस दिलगीर में बहुत गाढ़ी छना करती थी। तब दिलगीर इतनी उजड़ी-उजड़ी भी नहीं रहा करती थीं। बिलकुल लड़की दिखाई दिया करती थीं। नमकीन साँवले रंग, बड़ी-बड़ी आँखों और छरहरे बदनवाली एक लड़की। फिर सरला आ गई और उसी दिन मिस दिलगीर अकेली रह गईं और उनकी आँखों का फ़्यूज उड़ गया।

एक रात सरला रीडिंग-रूम से आई तो उसने क्या देखा कि मिस दिलगीर उसके बिस्तर पर गहरी नींद सो रही हैं। वह हैरान हुई। मेज़ पर एक ख़त था। सरला ने वह ख़त पढ़ा। वह ख़त उसी के नाम था :

"सरला, तुमने लिज़ को मुझसे छीनकर अच्छा नहीं किया। तुमने मेरी ज़िन्दगी छीनी है तो मैं कहीं और क्यों मरने जाऊँ? अब लिज़ जब तुम्हें अपनी बाँहों में लेगी या तुम्हारा मुँह चूमेगी या तुम्हारे ब्लाउज़ में हाथ डालेगी या...सोचने ही से मेरा दम घुट रहा है। ख़ुदा तुम्हें ग़ारत करे सरला...जब तुम अकेले में लिज़ के प्यार का जवाब अपने कच्चे बदन के प्यार से दे रही होगी तब तुम्हें मैं दिखाई दूँगी, तुम्हारे अपने बिस्तर पर, लिज़ और तुम्हारे बीच में, मरी हुई।..."

सरला इससे ज़्यादा न पढ़ पाई। वह दिलगीर की लाश को छोड़कर भागती चली गई, यहाँ तक कि उसने अपने-आपको मिस डिक्रूज़, सीनियर लड़कियों की मिस्टर डिक्रूज़ और मिस दिलगीर की लिज़ के कमरे के दरवाज़े पर पाया।

लिज़ न्यू ब्लॉक की वार्डन थी। न्यू ब्लॉक और ओल्ड ब्लॉक के बीच में इमली का वह पुराना पेड़ भी था, जिसके बारे में हॉस्टल में

कहानियाँ मशहूर थीं कि उस पर कोई जिन या भूत रहता है जो लड़कियों को परेशान करता है। पर सरला को उस रात वह पेड़ जैसे दिखाई ही नहीं दिया। वरना वह तो दिन को भी उस पेड़ के आसपास नहीं फटकती थी।

उसने दरवाज़ा पीटना शुरू किया। लिज़ ने दरवाज़ा खोला। वह सरला को देखकर घबरा गई। सरला ने चुपचाप उसे दिलगीर का ख़त दे दिया...और उस रात उसे यह भी मालूम हो गया कि सीनियर लड़कियाँ लिज़ को मिस्टर डिक्रूज़ क्यों कहती हैं?

सोफ़िया में हफ़्तों सन्नाटा रहा। लिज़ ने दिलगीर का ख़त उसी रात फाड़ दिया था। सब जानते थे कि दिलगीर ने आत्महत्या क्यों की और सब यह भी जानते थे कि दिलगीर ने सरला के कमरे ही में आत्महत्या क्यों की, पर सब चुप रहे। कोई कह भी क्या सकता था! फिर थोड़े दिनों बाद लोग मिस दिलगीर को भूल गए और सीनियर लड़कियाँ सरला को मिसेज़ डिक्रूज़ पुकारने लगीं।...

तो भला मिढा में सरला की क्या दिलचस्पी हो सकती थी! उसके साथ सोलह बरस की एक नौकरानी आई थी और वही उसका सब काम करती थी। मिढा कुछ कह भी नहीं सकते थे क्योंकि सरला को मिसेज़ मिढा बनाने ही से उन्हें इतना पैसा मिला था कि उन्होंने अपना कारोबार शुरू किया था। तो जब उन्हें अपनी बीवी नहीं मिली तो वह दूसरों की बीवियों में दिलचस्पी लेने लगे। बस, वह इसका ख़याल रखते थे कि जिस बीवी पर सरला की निगाह हो, उससे दूर रहें।

भोलानाथ बिल-कलेक्टर की बीवी रमा मिढा को अच्छी लगी थी। लगता था, जैसे एम-फ़ॉम की बनी हुई है! चम्पई रंग। आँखें ऐसी कि लगता था, जैसे आँखों की ज़बान समझ सकती हैं! तो उन्होंने भोलानाथ से दोस्ती करने का फ़ैसला किया।

सीन : 75

एक दिन मिढा अपनी फोर्ड क़न्वर्टिब्ल पर ग्रेड-फोर ऑफ़िसर्स हाउसिंग कोऑपरेटिव सोसायटी में भोलानाथ का फ़्लैट पूछता आया। कॉलोनी वालों ने ऐसी कार सिर्फ़ सड़कों और हिन्दी या अंग्रेज़ी फ़िल्मों में देखी थी। पर यह कार तो ठीक उनकी कॉलोनी में खड़ी थी। सब सन्नाटे में आ गए। और जब उन्हें पता चला कि इस कार में बैठकर आनेवाला भोलानाथ से मिलने आया है तो कॉलोनी में भोलानाथ की इज़्ज़त और बढ़ गई और यूँ मिढा आने-जाने लगा। पहले तो वह भोलानाथ के होते में आता रहा, फिर कभी-कभार 'यूँ—ही—गुज़र—रहा—था—सोचा—मिल—लूँ' के सहारे दो-एक बार आया। फिर खटक जी के होते उसका आना बिलकुल बन्द हो गया।

उन्हीं दिनों एक दिन इत्तिफ़ाक से सरला और रमा की मुलाक़ात हो गई। रमा मेहराबाद बाज़ार में अमरीकन जार्जेट की साड़ियाँ देख रही थी। उन दिनों वह साड़ियाँ ख़रीद नहीं सकती थी, सिर्फ़ देख सकती थी और फिर अपने ख़यालों में वह फ्रेंचशिफ़ॉन, जार्जेट, कांजीवरम, मैसूर-सिल्क और बनारसी पोथ पहनकर ख़ुश हो लिया करती थी। उसने दुकानें बाँध रखी थीं। किसी एक दुकान पर वह महीने में दो बार नहीं जाती थी...और दो महीने के बाद किसे यह याद रहता है कि कोई रमा चोपड़ा आई थी जिसने सौ-सवा सौ साड़ियाँ देखी थीं और एक साड़ी भी नहीं ख़रीदी थी।

रमा एक समझदारी और करती थी कि उस दुकान पर रुकती थी जिस पर भीड़-भाड़ हो। साड़ियाँ देखते-देखते बग़ल में बैठी हुई औरत को राय देने लगती कि इसका सिल्क अच्छा नहीं है। इसकी बटी में ज़रा ख़राबी है। हाँ, यह अच्छी है...और यह साड़ी उस दुकान पर यहाँ से चालीस रुपए कम दाम पर मिल सकती है। यह बात तो उसे ज़बानी याद थी कि किस दुकान पर साड़ियों का नया स्टॉक आया है और किस साड़ी की क्या क़ीमत है...।

उसकी बातें सुनकर दुकानदार उसे दिल-ही-दिल में गालियाँ देता। पर समझता कि वह उस औरत के साथ है जो साड़ियाँ देख रही है, इसलिए दिल मसोसकर रह जाता और उस औरत के साथ रमा को भी ठंडी कोक का 'गिलास' मिल जाता। फिर कोक पी-पाकर वह उसी औरत के साथ उस दुकान से टल जाती।

अब चूँकि रमा की वजह से उस औरत के तीस-चालीस रुपए बचे हैं, इसीलिए वह औरत मजबूरन उससे पूछती, 'कहाँ रहती हैं आप?'

इस सवाल से रमा हमेशा घबराया करती थी। यह कहने में सुबकी होती थी कि ग्रेड-फोर ऑफ़िसर्स हाउसिंग सोसायटी में रहती है, तो कहती, 'क्या बताऊँ बहन जी बम्बई में कहीं रहने को जगह मिलती है? तीन फ़्लैट बुक करवा रखे हैं। एक पेडर रोड पर, एक कफ़ परेड पर और तीसरा जुहू में। पर बन ही नहीं चुकते किसी तरह। एक सम्बन्धी के साथ टिके हुए हैं बान्द्रा ईस्ट में। बड़ी तकलीफ़ है...'

बातों-बातों में वह उस औरत का नाम-पता मालूम कर लेती। फ़ोन का नम्बर लिख लेती। और यदि वह औरत किसी पैसेवाले घर की निकलती तो एक-दो बार उसे फ़ोन करती। और फिर उसके यहाँ आना-जाना शुरू कर देती तो दिन का खाना और शाम की चाय यूँ निकल जाती...।

पर सरला से उसकी मुलाक़ात नहीं हुई क्योंकि मिढा साहब यह चाहते नहीं थे। मिढा साहब को रमा पसन्द आई थी, पर वह अच्छी शराब की तरह अच्छी ऐयाशी के भी क़ायल थे। उन्हें न वह शराब पसन्द आती थी जो पहले ही घूँट में हलक़ से उतरे और सर चढ़ जाए और न उन्हें वह औरत पसन्द आती थी जो पहली ही मुस्कराहट के जवाब में पूछे कि बेडरूम किधर है। उन्हें मंज़िल से ज़्यादा रास्तों का शौक़ था। और वह अभी रमा के रास्ते पर चल रहे थे। वह अभी सरसों के साग में मक्खन मिला रहे थे। इसीलिए जब उन्होंने

सीन : 75

रमा को एक दुकान में देखा तो सरला को लेकर टल जाना चाहा क्योंकि उन दिनों सरला का मूड ख़राब था। उसकी नौकरानी किसी आदमी के साथ भाग गई थी और सरला बिना किसी साथी के थी। और वह ऐसे में तो सरला और रमा की मुलाक़ात बिलकुल ही नहीं करवाना चाहते थे।

पर उन पर रमा की निगाह पड़ गई। वह मुस्कराकर उनकी तरफ़ लपक आई। पर उसे दुकान से भागने का कोई मौक़ा नहीं मिल रहा था और दुकानदार उसे उस एक साड़ी पसन्द करवा लेने में कामयाब हो गया था।

दुकानदार के सामने वह बग़लें भी नहीं झाँक सकती थी। सोच रही थी कि अपना बटवा खोले और एकदम से 'अरे' कहके दुकानदार से कहे कि 'पैसे लाना तो वह भूल ही गई है। चेक चलेगा?' वह जानती थी कि चेक नहीं चलेगा। वह कई बार चेक-बुक निकालकर देख चुकी थी। चेक लिखते-लिखते कहती, 'ऐसा करती हूँ। आध घंटे में आकर ले जाती हूँ। आपका दिल भी धकधका रहा होगा कि क्या पता चेक कैश होगा या नहीं...' और यह सुनते ही दुकानदार की जान-में-जान आती और वह कहता, 'अरे बहन जी, यह क्या बोलती हैं आप? आपकी दुकान है। जितना सामान जी चाहे, ले जाइए। पैसे कहाँ भागे जा रहे हैं!...' पर यह कहते-कहते वह साड़ी को रैप करना बन्द कर देता और उसे एक तरफ़ फेंकते हुए कहता, 'वैसे आपकी मर्जी। आध घंटे के बाद ले जाइएगा।'...और बात ख़त्म हो जाती।

पर यह दुकानदार चेक लेने पर न सिर्फ़ तैयार हो गया था बल्कि ज़िद कर रहा था कि बिना साड़ी लिये वह रमा को जाने ही नहीं देगा। और रमा को मजबूरन चेक लिखना पड़ रहा था। चेक लिखने में कोई हर्ज नहीं था। पर बैंक में 27 रुपए 24 पैसे थे और साड़ी थी एक सौ अट्ठारह की।

सीन : 75

तो रमा ने जैसे ही मिढा को देखा, उसने वैसे ही, चील की तरह उस पर झपट्टा मारा। दुकानदार ने अपने सेल्स-मैन से कहा, 'अब साली साड़ी ख़रीदने नहीं आएगी।'

और यूँ एक दिन मेहराबाद में सरला और रमा की मुलाक़ात हो गई और सरला को रमा पसन्द भी आ गई।

सरला की मुस्कुराहट देखकर मिढा के इश्क़ पर ओस पड़ गई। वह समझ गया कि अब उसकी दाल नहीं गल सकती। चुनाँचे सरला और रमा की दोस्ती हो गई। सरला की गाड़ी कॉलोनी में आने लगी।

सरला रमा को पिक्चरें दिखलाने लगी। साड़ियाँ प्रेजेंट करने लगी।...पर वे दोनों एक-दूसरे पर इधर-उधर ताने भी मारती रहीं। रमा इसलिए ताने मारती कि दूसरों पर रोब डाल सके कि इतनी बड़ी गाड़ी पर आनेवाली सरला पर वह पैसे ख़र्च करती है और सरला इसलिए ताने मारती कि कोई समझ न जाए कि वह रमा के बारे में क्या सोचती है। नौकरानी वाली बात इधर-उधर फैल चुकी थी और बिल्डिंग की माँएँ अपनी बेटियों को उससे बचाने लगी थीं। तो वह यह नहीं चाहती थी कि ये बातें वक़्त से पहले रमा को मालूम हों।

फिर एक दिन ऐसा हुआ कि सरला एक जगह पूजा में गई हुई थी। रमा नहीं जा सकी थी क्योंकि उसकी तबीयत सुस्त थी तो मौक़े का फ़ायदा उठाते हुए मिढा सरला की तरफ़ से रमा की तबीयत पूछने आ गए।

रमा के सर में दर्द हो रहा था। वह ज़िद करके उसका सर दबाने लगे।...उनके ख़ून की रफ़्तार अभी बहुत तेज़ नहीं हुई थी। बस, यह हो रहा था कि उनके हाथ कभी-कभार फिसलकर रमा के सर से

उसकी गर्दन तक आ जाते थे। उसकी गर्दन बड़ी ख़ूबसूरत थी...कि भोलानाथ आ गए। मिढा घबरा गया। दूसरे दिन रक्षा-बन्धन था। बाक़ी सारा दिन भोलानाथ और रमा में लड़ाई हुई। और दूसरे दिन मिढा ने रमा से राखी बँधवा ली।

सच्ची बात यह है कि इसमें रमा बेचारी का कोई दोष नहीं था। पर रमा का ख़याल था कि दुनिया में भोलानाथ से ज़्यादा ख़ूबसूरत कोई और मर्द ही नहीं है। और भोलानाथ भी रमा के इस ख़याल से पूरी तरह सहमत थे।

रमा के बारे में उनका भी कुछ इससे मिलता-जुलता ख़याल था। इसलिए भोलानाथ को ज़रा किसी पर शक होता तो वह तड़ से उसके हाथ में रमा से राखी बँधवा देते। कर साले इश्क अपनी बहेन से! बाद में तो यह होने लगा कि जहाँ रमा किसी को राखी बाँधती, लोग ताड़ जाते कि क्या क़िस्सा है।

मिढा के राखी बँध जाने के बाद सरला ने भी इत्मीनान की साँस ली। उसे थोड़ा-सा शक था कि शायद रमा मिढा में दिलचस्पी ले रही है। इसीलिए वह बड़ी चौकसी से आगे बढ़ रही थी कि अगर रमा प्यार का खाना ख़ाली दे तो रमा जल्दी में भी अपनी पोज़िशन बदल सके। अभी तो वह बस इतना कर रही थी कि घंटों रमा के बाल बनाती। फ़ेशल करती। ब्लैक-हेड्स निकालती। कहती, 'यह क्या साड़ी बाँध रखी है तुमने! पंजाबियों को साड़ी बाँधना कभी नहीं आएगा।'

रमा हँसने लगती। सरला भी हँसने लगती। रमा साड़ी खोल देती।

सरला कहती, 'हाय रमा, तुम्हारी कमर क्या हुई...'

रमा यह सुनकर ख़ुश हो जाती। उसे वाक़ई अपनी कमर बहुत पसन्द थी।

सरला हँसते हुए उसकी कमर में हाथ डाल देती और कहती, 'उनको तो बड़ी तकलीफ़ होती होगी तेरी कमर तलाश करने में।' इतना कह-कहकर गुदगुदा देती और रमा हँसते-हँसते पलंग पर गिर जाती, दुहरी हो-हो जाती और सरला उसे सीधा करने के लिए उसके सारे बदन पर फिसलती रहती...।

सरला से अपनी दोस्ती का रमा ने पहला फ़ायदा यह उठाया कि उसने सरला से साड़ी बाँधना सीख लिया। उसने यह जान लिया कि साड़ी के बॉर्डर के साथ चप्पल का 'मैच' करना कितना ज़रूरी है। उसे यह भी पता चल गया कि किस रंग की साड़ी के साथ लिपस्टिक का कौन-सा शेड चलता है।...और दूसरा फ़ायदा यह हुआ कि मिढा की सिफ़ारिश पर भोलानाथ खटक ब्लेडों की एक कम्पनी के असिस्टेंट सेल्स सुपरवाइज़र हो गए। तनख़्वाह भी बढ़ गई और आमदनी भी।

रमा ने सरला के प्यार से दस हज़ार उधार लेकर उसे सूद पर चलाना भी शुरू कर दिया। और यूँ वह 'सुरसिंगार कोऑपरेटिव हाउसिंग सोसायटी लिमिटेड' में एक फ़्लैट बुक करवाने के क़ाबिल हो गई।

मनचन्दानी के पास बिल्डिंग की प्लम्बिंग का ठेका था। रमा अपना फ़्लैट अपनी आँखों के सामने बनते देखना चाहती थी। तो दोनों ही दिन-भर 'सुरसिंगार' में रहते।

मनचन्दानी एक हँसमुख मर्द था। रमा एक मिलनसार औरत थी। दोनों में दोस्ती हो गई। रमा इस फ़िक्र में थी कि दोस्ती की वजह से मनचन्दानी उसके फ़्लैट में भी वही माल लगवाएगा जो अपने फ़्लैट में लगवानेवाला है।

मनचन्दानी को भला एतराज़ हो सकता था, क्योंकि रमा की मुस्कान में अब भी गेहूँ के खेतों का ख़ुशबूदार सोना था। खुली हुई किताब-सी

मुस्कुराहट। यदि कुछ वक़्त इस मुस्कुराती हुई रमा के साथ गुज़र जाए तो क्या बुरा है!

तब तक मनचन्दानी को यह भी मालूम नहीं हुआ था कि रमा कोई 'ऐसी-वैसी' लड़की या औरत नहीं है।...कि उसने ख़ुद अपने चारों तरफ़ एक लक्ष्मण रेखा खींच रखी है...कि उसे सुनहरा हिरन ज़रूर चाहिए पर वह उस हिरन के लिए अपनी बनाई हुई सीमाओं से आगे नहीं बढ़ेगी।

वह मनचन्दानी से हँसती-बोलती, उसे चाय पिलाती और फिर शाम को भोलानाथ खटक के साथ अपने घर लौट जाती...उसकी आत्मा की प्लम्बिंग अच्छी थी।

पर भोलानाथ फिर भोलानाथ थे। थोड़े दिनों बाद उन्हें यह शक घुन की तरह लग गया कि बनते हुए फ़्लैट में जाने क्या-क्या होता होगा! और साहब, शक का इलाज तो हक़ीम लुक़मान के पास भी नहीं था, बेचारी रमा तो किस खेत की मूली थी!

खटक जी का यह शक जब गहरा हुआ तो उनके व्यक्तित्व के लिफ़ाफ़े पर डाक के टिकट की तरह चिपक गया...और रमा को यह भाँपने में देर नहीं लगी कि दाल में कुछ काला है। चुनाँचे रक्षाबन्धन के दिन मनचन्दानी को राखी बाँधकर अपनी तरफ़ से यह क़िस्सा ख़त्म कर दिया। पर उसका दिल बहुत दुखा। वह खटक जी की शक्की तबीयत से आजिज़ आ चली थी।

इस शक के पीछे वह अब तक तीन आदमियों को राखी बाँध चुकी थी। हर रात को पेट-भर खाना खाने के बाद भी वह उसे खाते...यहाँ तक कि सुबह होते-होते वह मुश्किल से चौथाई या तिहाई रह जाती। और फिर लाख जतन करके दिन-भर में किसी-न-किसी तरह वह अपने व्यक्तित्व को पूरा करती।

सीन : 75

खटक जी जैसे आदमी के साथ पूरी ज़िन्दगी निभाने का इरादा रखना भी बहादुरी का काम है। अब वह बेचारी यह कैसे याद रखती कि फलवाले से मुस्कुराकर उसने क्या कहा था?...डाकिये के सामने वह ख़ाली पेटीकोट-ब्लाउज़ में क्यों आई थी?...वह इस ज़िल्लत पर मन-ही-मन में कुढ़ती कि क्या उसके लिए फलवाले और डाकिये और पड़ोस के नौकर-चाकर ही रह गए हैं? वह रोने लगती।

वह रोती तो खटक जी का पारा चढ़ जाता। उनका पारा और चढ़ता तो रमा भी झल्ला जाती और महाभारत शुरू हो जाती। महाभारत शुरू होती तो ग्रेड थ्री के क्लर्कों की कॉलोनी में हर आदमी के बदन पर हज़ारों कान उग आते। एक हज़ार बानवे पानेवाले का भी पत्नी से झगड़ा होता है! इसलिए साबित हुआ कि पत्नियाँ गड़बड़ करती हैं...

इन झगड़ों में पहले तो रमा धीरे-धीरे कोसती रहती और खटक जी पंजाबी, हिन्दी और अंग्रेज़ी में धाड़ते रहते। परन्तु आजिज़ आकर जब ऊँची आवाज़ में गालियाँ देना शुरू करती तो खटक जी की आवाज़ धीरे-धीरे धीमी होने लगती। उन्हें एकदम से यह ख़याल आने लगता कि वह पास-पड़ोस वालों के कान से बहुत डरते हैं।

दूसरे दिन वह पड़ोसियों का चेहरा देखकर भाँपने की कोशिश करते कि उन्होंने रात की बातें सुनी हैं तो किस हद तक सुनी हैं। पर ग्रेड थ्री और फोर के अफ़सरों को अपने चेहरे से झूठ बुलवाने की कला ख़ूब आती है। खटक जी को यक़ीन हो जाता कि किसी को रमा से उनके झगड़े का पता नहीं है और वह किसी दूसरे शक को पाल-पोसकर बड़ा बनाने के लायक़ हो जाते।

पर जब क्लर्क श्री बाबूलाल श्रीवास्तव ने 'क्वालिटी' में लंच खाकर उन्हें चोट दी तो उन्हें अपने उन तमाम पड़ोसियों से एक साथ नफ़रत हो गई जो उन्हें सुबह-शाम सलाम करते थे और जिनके बच्चे

दिन-भर लपक-लपककर उनके घर का सौदा लाते थे और जिनकी पत्नियाँ रमा की चमचियाँ थीं और जिनके सहयोग बिना ग्रेड थ्री और फोर के ऑफ़िसर्स कॉलोनी में उनका रहना नामुमकिन हो गया होता।

पर सत्तासी रुपए सोलह पैसे का खाना खिलाना और ही बात है। एक लंच पर आधी तनख़्वाह से एक रुपया ज़्यादा!

क्लर्क श्री बाबूलाल श्रीवास्तव के सामने तो वह मुस्कुराता रहा, 'अरे बाबूलाल जी, वेटर बेचारों को मिलता ही क्या है! टिपों पर तो गुज़र होती है ग़रीबों की। और साहब, सीधी बात यह है कि अच्छी टिप दीजिएगा तो अच्छी सर्विस मिलेगी।...' यह कहते हुए खटक जी खड़े हो गए।

उठ तो ख़ैर बाबूलाल जी भी गए, पर खटक जी दिल-ही-दिल में यह सोचते उठे कि यदि एक वेटर दिन में बीस आदमियों को भी खाना खिलाता होगा और यदि पाँच नहीं, तो तीन रुपए फी खाने का औसत माना जाए तो तीस दिन के महीने में बीस तियाँ साठ इनटू थर्टी बराबर अट्ठारह सौ रुपए!...मतलब यह निकला कि 'क्वालिटी' का वेटर भोलानाथ से ज़्यादा कमाता है!

और खटक जी यह सोच-सोचकर, अन्दर-ही-अन्दर, सूखे जा रहे थे कि ये तिरानवे रुपए कहाँ से आएँगे?

उस दिन शाम को भोलानाथ लोकल ट्रेन के एक डिब्बे में बेहोश पाए गए। आध घंटे तक तो उन्हें यही याद न आया कि वह कौन हैं और कहाँ हैं। उनकी घड़ी और जेब की सारी रक़म ग़ायब थी। तीसरी उँगलीवाली नक़ली हीरेवाली अँगूठी भी नहीं थी। पुलिस आ गई। डॉक्टर आ गया। इसमें कोई दो घंटे लग गए। और तब धीरे-धीरे उन्हें अपना अता-पता याद आने लगा और फिर उन्हें यह याद आया कि उनकी

जेब में कम्पनी के साढ़े बारह हज़ार रुपए भी थे। बयाना-बयानी होने लगी। पंचनामा तैयार हुआ। भोलानाथ को बस इतना याद था कि उनकी सिगरेटें ख़त्म हो गई थीं। पड़ोस के मुसाफ़िर ने उन्हें अपनी डिबिया से एक सिगरेट दी। पहले एक सिगरेट उसने ख़ुद ली थी और तब उसने इनकी तरफ़ डिबिया बढ़ाई थी। इनको तलब सख़्त थी। इन्होंने एक सिगरेट निकाल ली। पी। पड़ोसवाले मुसाफ़िर से बातें करते रहे...और फिर क्या हुआ, यह उन्हें याद नहीं।

पुलिस ने उस मुसाफ़िर का हुलिया पूछा।

लम्बा क़द। भरा हुआ बदन। तोते जैसी नाक। बड़ी-बड़ी मूँछें... वह रुक गए।

पुलिस समझी कि वह याद कर रहे हैं, पर वह इसलिए रुके थे कि वह मिढा का हुलिया बयान करने लगे थे।...पर अब वह बीच में रुक तो सकते नहीं थे। तो उन्होंने मिढा का पूरा नाक-नक़्शा पुलिस को बता दिया।

एक बार तो जी चाहा कि पुलिस को नाम और पता भी बता दें। पर दिल मारकर रह गए क्योंकि पुलिस यह न मानती कि एक लखपति पत्नी के पति ने किसी असिस्टेंट बिल-कलेक्टर को डोप किया होगा। इसलिए वह हुलिए से आगे न बढ़े।

वहाँ एक पत्रकार भी आ गया। उसने खटक जी की तसवीर ली।

वह दिल-ही-दिल में ख़ुश हुए कि चलो, इसी बहाने पेपर में तसवीर छप जाएगी। तब पता चलेगा कॉलोनीवालों को कि भोलानाथ के साथ रहना कितनी बड़ी इज़्ज़त की बात है!...पत्रकार से बात करते-करते उन्होंने चुपके से घड़ी देखनी चाही तो अपनी कलाई नंगी दिखाई दी और तब वह दिल-ही-दिल में मुस्कुरा दिये कि घड़ी तो साढ़े बारह हज़ार के साथ बम्बई सेंट्रल स्टेशन के क्लॉक-रूम में रखी हुई है, एक सेकेंड हैंड सूटकेस के अन्दर।

सीन : 75

इसी बीच में उनके ऑफ़िस का भी एक आदमी आ गया। पुलिस ने केस रजिस्टर कर लिया। और खटक जी को घर जाने की इजाज़त मिल गई। उन्होंने ऑफ़िस के आदमी से दस रुपए एडवांस लिये घर जाने के लिए।

पत्रकार की घड़ी में सात बज रहे थे। इसका मतलब यह हुआ कि रमा सरला के साथ उसके घर जा चुकी होगी और घर पर मिढा स्कॉच व्हिस्की चढ़ा रहा होगा और रमा सरला के बेडरूम में साड़ी बाँधना सीख रही होगी या लिपस्टिक के शेड समझ रही होगी।

स्कॉच का ख़याल आते ही भोलानाथ की प्यास भड़क उठी।

लिज़ा ने दरवाज़ा खोला।

लिज़ा सरला की नई नौकरानी का नाम था। कैथोलिक थी। कन्फ़ेशन में जाती तो सरला की बात छेड़ जाती और अपने ब्वाय-फ्रेंड को हँस-हँसकर सरला की तमाम बातें बताती। और फिर दोनों सरला पर हँस पड़ते।

मिढा भी लगातार उससे हल्का-फुल्का फ्लर्ट करने की कोशिश कर लेते थे।

यह लिज़ा खटक जी को भी अच्छी लगती थी। और उसकी वजह से उन्होंने 'मिढाज़' के यहाँ आना-जाना काफ़ी बढ़ा दिया था। लिज़ा की वर्षगाँठ पर उन्होंने उसे लाल गुलाब की एक कली भी दी थी और रमा, सरला और मिढा के सामने हँसते-हँसते उससे, अंग्रेज़ी में, यह भी कह दिया था कि उन्हें उससे प्यार हो गया है। इस पर क़हक़हा पड़ा था और लिज़ा भी हँस दी थी और हँस के उसने खटक जी को ज़बान भी दिखा दी थी। वह ज़बान जभी से केंचुए की तरह खटक जी के बदन पर रेंग रही थी। यह, इस बीच में, कई बार रमा को लिज़ा बनाकर

उसके साथ सो भी चुके थे। और एक बार तो उन्होंने रमा को लिज़ा पुकार भी लिया था। वह तो ख़ैरियत यह हुई कि रमा तब अपने ब्लाउज़ के बटन लगाने में गुम थी और उसने सुना ही नहीं कि खटक जी ने उसका नाम बदल दिया है।...

लिज़ा उन्हें देखकर मुस्कुरा दी। वह भी मुस्कुरा दिये।

बस, यह इश्क़ कोई साल-भर से यहीं टिका हुआ था।

अन्दर मिढा स्कॉच पी रहे थे।

ब्रेड-रूम से सरला और रमा के हँसने की आवाज़ आ रही थी।

मिढा खटक जी को देखकर मुस्कुराए, हालाँकि अब उन्हें देखकर ख़ुश होने को जी नहीं चाहता था। अरे भई, रमा से इश्क़ ही नहीं लड़ाना है तो उसके पति को देखकर ख़ुश होने की ज़रूरत ही क्या है? फिर भी सरला के डर से मुस्कुराना तो था ही। तो मुस्कुराकर मिढा ने अपना फ़र्ज़ अदा कर दिया।

'की हाल...' खटक जी ने पंजाबी शुरू की।

वह मिढा से हमेशा पंजाबी बोलते थे, क्योंकि वह जानते थे कि मिढा पंजाबी से जलता है। यूँ वह मिढा को रमा से इश्क़ करने की सज़ा भी दे लिया करते थे।

मिढा पंजाबी नहीं था। उसके माता-पिता ज़रूर पंजाबी थे। उसने तो दिल्ली के एक शरणार्थी कैम्प में जन्म लिया था। और उसके पिता ने लखनऊ में वक़ालत शुरू की जो नहीं चली। पर मिढा का पालन-पोसन लखनऊ ही में हुआ। और वह लखनऊ की धुली और इस्तरी की हुई खड़ीबोली बोलने लगा। मसनवी 'ज़हरे-इश्क़' और मसनवी 'गुलज़ारे-नसीम'[1] के शेर गुनगुनाने लगा। 'आतिश' की शायरी पर बहस करता और 'अनीस' के मरसियों पर सर धुनता। बी.ए. तक उसने उर्दू

1. उर्दू की दो मशहूर मसनवियाँ, एक नवाब मिरज़ा 'शोक' की, दूसरी दयाशंकर 'नसीम' की।

पढ़ी और फिर सरला से शादी कर ली जो हिन्दी-उर्दू को गँवारू भाषा समझती थी और घर में अंग्रेज़ी बोला करती थी। अंग्रेज़ी मिढा को भी पसन्द थी। पर सरला की ज़िद में वह अंग्रेज़ी से नफ़रत करने लगा था। बची पंजाबी। तो पंजाबी से नफ़रत करके वह अपने पिता को सज़ा दे रहा था जिन्होंने सरला से उसकी शादी करवाई थी।...एक दिन शराब की झोंक में वह अपने दिल की बातें खटक जी को बता गया था। यह तब की बात है जब खटक जी ने उसे रमा का सर दबाते नहीं देखा था। और अब भोलानाथ उसी का फ़ायदा उठा रहे थे।

भोलानाथ आराम से बैठकर अपने लिए व्हिस्की बनाने लगे। मिढा के लिए तो भोलानाथ उसके ख़ून का गिलास बना रहे थे। पर वह मुस्कुराता रहा क्योंकि उसने मुस्कुराना सीख लिया था। और बेडरूम से अब भी सरला और रमा के हँसने की आवाज़ आ रही थी...

'जस्ट ट्राई इट डार्लिंग!' यह सरला की आवाज़ थी।

'मुझे तो नाथ की तरफ़ से परेशानी हो रही है।' यह रमा की आवाज़ थी।

फिर सरला की हँसी की आवाज़ जो बड़ी गन्दी, बड़ी बेहूदा, अश्लील हो गई।

पर भोलानाथ को उस हँसी पर सोचने का मौक़ा नहीं मिला क्योंकि उसी वक़्त लिज़ा बर्फ़ लेकर आ गई और बर्फ़ को मेज़ पर रखने के लिए झुकी। वह झुकी तो गहरे गले की फ्राक भी आगे की तरफ़ झुकी और भोलानाथ ने ब्रेज़ियर से झाँकती हुई छातियों की झलक देख ली।

लिज़ा भी सब समझती थी। पल-भर को झुकी रही। और उस पल-भर में भोलानाथ और मिढा, दोनों के बदन का सारा लहू चेहरे पर खिंच आया और उनके दिल उनकी कनपटियों में धड़कने लगे और हलक़ सूख गए और लिज़ा खिलखिलाकर हँस दी। हँसते हुए उसने पहले मिढा की तरफ़ देखा, फिर भोलानाथ की तरफ़। दोनों उसके ब्लाउज़

में झाँक रहे थे। वह सीधी हो गई और बोली, 'यू नाटी ब्वाएज़!' और फिर वह हँसती हुई किचन की तरफ़ चली गई। और ये दोनों उसे जाता हुआ देखते रह गए। लिज़ा जानती थी कि वे दोनों उसे देख रहे हैं तो उसके कूल्हों की लचक ज़रा और बढ़ गई।

लिज़ा ने किचन में अपने बॉय-फ्रेंड को इन आँखों की बात बताई। दोनों हँसने लगे और सिटिंग-रूम तक सरला-रमा की हँसी के साथ लिज़ा-पीटर की हँसी की आवाज़ भी आने लगी।

पीटर का असली नाम रामनाथ था। कानपुर का रहनेवाला था। कई बरस पहले राजेश खन्ना बनने और मुमताज़ से इश्क़ करने बम्बई भाग आया था। बम्बई आने के बाद दस-बारह दिन तो वह राजेश खन्ना के कार्टर रोडवाले घर के सामने से टला ही नहीं। राजेश खन्ना को आते-जाते देख लेता और बस। फिर वह राजेश खन्ना के घर के सामने खड़ा-खड़ा बोर हो गया तो स्टूडियोज़ के चक्कर लगाने लगा जहाँ उसकी तरह के और बहुत-से लड़के भी हुआ करते थे। वह चूँकि घर से ढाई-तीन सौ रुपए लेकर भागा था इसलिए उसे भूख की तकलीफ़ नहीं थी। जी-भर स्टारों का तमाशा देखता और रात को कहीं-न-कहीं पड़कर सो जाता। उसे हिन्दी फ़िल्मोंवाले किसी पुलिस कांस्टेबल या 'दादा' ने परेशान भी नहीं किया और उसके दिल से बम्बई का डर निकल गया। मिडिल पास था, इसलिए ख़ाली समय में वह फ़िल्मों के लिए कहानियाँ लिखने लगा।

एक दिन एक ईरानी चायख़ाने में वह अपने कुछ बम्बइया दोस्तों को उसल-पाव खिला रहा था और अपनी एक 'स्टोरी' सुना रहा था जो राजेश खन्ना और मुमताज़ के लिए बिलकुल 'फ़िट' थी। उसे यह पता नहीं था कि फन्दा पटयालवी उसके पीछेवाली मेज़ पर बैठे अपनी

सीन : 75

किसी फ़िल्म का सीन लिख रहे थे। सीन यह था कि हीरो किसी ईरानी चायख़ाने में बैठा नाश्ता कर रहा है और बॉस का इन्तज़ार कर रहा है। हीरो दरअसल सी.आई.डी. का इंस्पेक्टर था पर बॉस का पता चलाने के लिए उसके गिरोह में शामिल हो गया था और स्मगलिंग का धन्धा कर रहा था और हीरोइन से इश्क़ लड़ा रहा था क्योंकि हीरोइन बॉस की लड़की थी...हीरो का इश्क़ भी ड्यूटी बना हुआ था...।

यह सब तो ठीक, पर फन्दा पटयालवी कोई सात साल से किसी ईरानी चायख़ाने में गए ही नहीं थे। सात साल पहले वह इस लायक़ नहीं थे कि ईरानी चायख़ाने में जाकर चाय पिएँ। कभी कोई दोस्त फँस जाता तो वह एक तिकोना और एक प्याली चाय खा-पी लेते।

फिर उनकी एक फ़िल्म हिट हो गई और उन्होंने कार ख़रीद ली। अब ईरानी चायख़ाने इस लायक़ न रह गए कि फन्दा पटयालवी वहाँ चाय पीने जाते। धड़ाधड़ उनकी सात-आठ फ़िल्में हिट हो गईं। प्रोड्यूसर और स्टार उनके आगे-पीछे घूमने लगे। आज राजेश खन्ना के यहाँ डिनर है। कल दिलीप कुमार उनके बच्चे की सालगिरह पर कोई महँगा स्मगल किया हुआ खिलौना लिये खड़े हैं। सुनील दत्त दूर से देख लेते हैं तो हाथ हिलाते हैं। देवानन्द बयान दे रहे हैं कि फन्दा पटयालवी से अच्छा लेखक आज तक बम्बई आया ही नहीं। भगवती बाबू, यशपाल, अमृतलाल नागर, मंटू, कृश्न चन्दर, इस्मत चुग़ताई, राजेन्द्र सिंह बेदी—सब गए तेल बेचने। आधुनिक हिन्दी साहित्य में तो बस एक नाम है : श्री फन्दा पटयालवी।

फन्दा एक क्रान्तिकारी लेखक थे। उन्होंने पहली बार मध्यम वर्ग के जीवन और उसकी राजनीति को हिन्दी फ़िल्मों से परिचित करवाया। 'मज़दूर का बेटा', 'क़ातिल कौन', 'चालीस अलीबाबा, एक चोर', 'क़सम'—आधे दर्जन से ज़्यादा क्रान्तिकारी फ़िल्में लिख लेने के बाद फन्दा को ख़याल आया कि उन्हें एक ऑफ़-बीट फ़िल्म लिखनी चाहिए।

उन्होंने ख़ुद ही उसे डायरेक्ट करने का फ़ैसला भी किया। और उस कहानी में कमबख़्त हीरो एक ईरानी चायख़ाने में आ गया। फन्दा जी ने दिमाग़ पर बहुत ज़ोर दिया कि ईरानी चायख़ाना याद आ जाए, पर जब वह किसी तरह याद न आया तो उन्हें ईरानी चायख़ाने में चाय पीने जाना ही पड़ा। उनके पी.आर.ओ. ने एक फ़ोटोग्राफ़र भी भेज दिया। उसका ख़याल था कि ये तसवीरें फन्दा की इमेज बनाने में सहायता करेंगी। चुनाँचे वह सीन लिख रहे थे और फ़ोटोग्राफ़र तसवीरें खींच रहा था और चायख़ाने के शोर से छन-छनकर रामनाथ की आवाज़ आ रही थी और फन्दा पटयालवी को यह फ़ैसला करने में देर नहीं लगी कि रामनाथ एक ओरिजिनल, धाँसू और गोल्डन जुबली 'सब्ज़ेक्ट' सुना रहा है। तो फन्दा जी ने क़लम रख दिया। फ़ोटोग्राफ़र अपने काम में लगा रहा। फन्दा जी रामनाथ की कहानी सुनते रहे...।

चायख़ाने से उठते-उठते रामनाथ फन्दा जी का नौकर हो गया।

रामनाथ ने फन्दा जी का नाम तो सुन ही रखा था क्योंकि वह राजेश खन्ना बनने आया था और राजेश खन्ना फन्दा जी की कई हिट कहानियों में काम कर चुका था। इसलिए वह उनके यहाँ नौकरी करने पर फ़ौरन तैयार हो गया। उसका ख़याल था कि राजेश खन्ना फन्दा जी के घर तो आता ही होगा।

पर फन्दा जी की तो नीयत ही कुछ और थी। वह तो यह चाहते थे कि रामनाथ के जीनियस की फ़िल्मवालों में से किसी को हवा भी न लगे। वह उसे इटैलियन फ़ियट पर अपने फ़्लैट ले गए। सी ब्रीज़ के बाईसवें माले पर उनका फ़्लैट था। सामने अरब सागर था। पीछे बम्बई। रामनाथ को यह फ़्लैट बहुत अच्छा लगा और उसने तय किया कि स्टार बन जाने के बाद वह इसी बिल्डिंग में फ़्लैट ले लेगा।

चूँकि रामनाथ मिडिल पास था, इसलिए उसे कोई काम नहीं आता था। तीन बेटियों पर इकलौता बेटा था, इसलिए घर में उसकी बड़ी

मान-जान थी। उससे कोई काम नहीं लिया जाता था। उसके पिता बाबू चन्द्रिका प्रसाद कानपुर की म्युनिसिपल कॉरपोरेशन में क्लर्क थे। चुंगी पर काम करते थे, इसलिए भगवान की दया और अल्लाह के करम से ऊपर की आमदनी काफ़ी थी। चमनगंज में उनका अपना दोमंज़िला पक्का मकान था—'रामनाथ भवन'।

रामनाथ को मालूम था कि यह भवन उसका है, तो भला उसे काम करने की क्या ज़रूरत थी? इसलिए जब फन्दा जी की पत्नी को पता चला कि उसे कोई काम ही नहीं आता तो वह बहुत बिगड़ी कि ऐसे आदमी को पचास रुपए तनखाह देने से क्या हासिल! और फिर यह कि घर में पन्द्रह बरस की बेटी है...पर फन्दा जी ने पत्नी की एक न सुनी और रामनाथ ने पहला इश्क़ फन्दा जी की बेटी पुष्पलता से किया।

ख़ैर, यह कहना गलत है कि रामनाथ ने पुष्पलता से इश्क़ किया, क्योंकि पुष्पलता इस लायक़ ही नहीं थी कि कोई लड़का उससे इश्क़ करता। पर पुष्पलता ने उसे अपने इश्क़ पर नौकर रख लिया। पचास रुपए महीने उसे पुष्पलता से भी मिलने लगे। और सौ रुपए महीना, पचास रुपए महीने से अच्छा होता है।

पुष्पलता बेचारी की अपनी समस्याएँ थीं। उसकी तमाम सहेलियाँ किसी-न-किसी पर आशिक़ थीं। उसके साथ पिक्चरें देखने जाती थीं। बैंडस्टैंड की चट्टानों के पीछे अपने बॉय-फ्रेंड्स के साथ नेकिंग करती थीं। दो-एक तो नेकिंग की हदों से भी आगे निकल चुकी थीं। दस-बारह चरस के सिगरेट पीती थीं। दो-चार एल.एस.डी. की यात्राएँ भी करने लगी थीं। नेशनल कॉलेज में वे आपस में ख़ूब-ख़ूब बातें करतीं और बेचारी पुष्पलता अपने-आपको अकेला पाती

क्योंकि उसके पास अपनी दोस्तों से कहने लायक़ न कोई क़िस्सा था, न कोई अनुभव।

पुष्पलता एक बदसूरत लड़की थी और फन्दा जी की कहानियों में भी कोई बदसूरत लड़की हीरोइन नहीं होती थी कि वह अपने-आपको हीरोइन ही फर्ज़ कर सकती।...तो उसकी ज़िन्दगी सूनी गुज़र रही थी। ज़िन्दगी जिसकी कोई दिशा नहीं थी। ज़िन्दगी जिसका कोई अर्थ नहीं था।

फन्दा जी को इतनी फुर्सत न थी कि पुष्पलता की समस्याओं पर सोचते और उसकी माँ पड़ोसिनों से बातें करने, साड़ियाँ ख़रीदने, गहने बनवाने में इतनी गुम थी कि कभी-कभी तो वह यह भी भूल जाती कि वह एक जवान बेटी की माँ है।

राधिका, पुष्पलता की माँ, की सूरत भी अच्छी थी और काठी भी। वह ज़्यादा-से-ज़्यादा अपनी बेटी की बड़ी बहन लगती थी। ज़रा ध्यान से मेकअप करती तो उसकी छोटी बहन दिखाई देने लगती। इसलिए पुष्पलता की बदसूरती से वह दिल-ही-दिल में ख़ुश भी थी कि जो घर में एक ख़ूबसूरत जवान बेटी उसे मम्मी पुकार रही होती तो उसे अपनी उम्र छिपाने में परेशानी होती। अब तो यह होता कि जो प्रोड्यूसर आता, जो हीरो आता, जो उभरता हुआ सितारा आता, वह उसी को देखता, उसी से बातें करता, उसी की बातों पर क़हक़हे लगाता और वह उतनी देर के लिए कोई मुमताज़, कोई शर्मिला टैगोर, कोई हेमामालिनी बन जाती और मुकैरियों में गुज़री हुई वीरान ज़िन्दगी पल-भर के लिए जैसे कहीं दूर चली जाती और हीर की धुन उसे ओल्ड-फ़ैशंड लगने लगती और वह उठकर रिकॉर्डप्लेयर पर पश्चिमी संगीत का कोई रिकॉर्ड लगा देतीं। वैसे उसे यह संगीत न पसन्द था और न ही समझ में आता था, पर फ़ैशन तो फिर फ़ैशन है। वह नौशाद, जयदेव, ख़ैयाम और सज्जाद की बुराई करती और आर.डी.एल.पी. और कल्याण जी-आनन्द जी की

तारीफ़ों के पुल बाँधती। सब पर वह ज़ाहिर करती कि वह राजेश खन्ना को राखी बाँधती है और एल.पी. (लक्ष्मीकान्त-प्यारेलाल) के साथ तो रोज़ उठना-बैठना है...।

कहने का मतलब यह कि राधिका को पुष्पलता के बारे में सोचने का वक़्त ही नहीं मिलता था और पुष्पलता अपनी माँ के गन्दे-बेतकल्लुफ़ क़हक़हों की भीड़ में अपने-आपको बिलकुल अकेली पाती थी। यही कारण है कि फन्दा जी जब रामनाथ को लाए तो पुष्पलता को एक अनजानी-सी ख़ुशी हुई। अपनी इस ख़ुशी का मतलब ख़ुद पुष्पलता की समझ में फ़ौरन नहीं आया, पर उसके लिए यही अनुभव बहुत था कि वह ख़ुश है।

रामनाथ ने तो उसे ग़ौर से देखा भी नहीं, क्योंकि वह तो मुमताज़ के ख़याल के साथ बाथरूमों में वक़्त गुज़ारा करता था और बाकी वक़्त फन्दा जी के साथ गुज़ारा करता था और फन्दा जी घुमा-फिराके कहानियों की बातें निकालते और रामनाथ उन्हें अपनी 'ओरिजिनल' कहानियाँ सुनाने लगता और फिर फन्दा जी उन कहानियों में चेज, कर्टर ब्राउन, गार्डनर, क्रिस्थी फेंटने में लग जाते।

रामनाथ ने उनके यहाँ डेढ़ बरस काम किया। इस डेढ़ बरस में फन्दा जी ने सात 'ओरिजिनल' कहानियाँ बेचीं और दूसरे तमाम फ़िल्मी लेखकों की छुट्टी कर दी। हर फ़िल्म पार्टी में उन्हीं की बातें होने लगीं और लोग यह कहते सुने गए कि फन्दा जी पटयालवी साढ़े चार लाख लेने लगे हैं।

रामनाथ को यह पता भी नहीं चला कि वह फन्दा जी के नाम से बहुत मशहूर फ़िल्मी लेखक हो गया है, क्योंकि अब उसका काफ़ी वक़्त पुष्पलता के कमरे में गुज़रने लगा था।

फन्दा जी तो दिन-रात ग़ायब ही रहते थे। राधिका भी दिन-रात पड़ोस में ही गुज़ारती थी। फ़्लैट में रामनाथ के सिवा कोई न होता।

सीन : 75

पुष्पलता कॉलेज से आती तो उसे यह ख़याल ही गुदगुदाना शुरू करता कि वह फ़्लैट में रामनाथ के साथ अकेली है। वह किसी-न-किसी बहाने से उसे अपने कमरे में बुलाती। वह आ जाता।

वह भी ख़ूब समझने लगा था कि पुष्पलता क्या चाहती है। पर वह कोई गिरी-पड़ी चीज़ नहीं था कि जो चाहे वही पा ले। और गिरी-पड़ी चीज़ उठाने के लिए भी तो झुकना पड़ता है। इसलिए उसने तय कर लिया था कि उसे पाने के लिए भी पुष्पलता को झुकना पड़ेगा...।

यही हालत कुछ दिनों चलती रही। पुष्पलता ठनकती रही, उसकी तरफ़ देखकर मुस्कुराती रही। उसके हाथ से पानी का गिलास लेते-लेते उसके हाथ को छूती रही...कि एक दिन उसके ब्लाउज़ के हुक को फँस ही जाना पड़ा और उसने रामनाथ को आवाज़ दी। रामनाथ आया।

'क्या है बीबीजी?'

पुष्पलता के दोनों हाथ पीठ पर ब्लाउज़ के हुक से उलझे हुए थे।

'ज़रा यह हुक फँस गया है।' उसने जी कड़ा करके कह दिया। उसका हलक़ सूख रहा था। साँस तेज़ चल रही थी और ख़ून के दबाव से कनपटियाँ फटी जा रही थीं और एक अजीब तरह का मीठा-मीठा-सा डर लग रहा था। उसने रामनाथ की आहट अपनी तरफ़ बढ़ती सुनी तो डर की मिठास और बढ़ गई...।

'क्या करते हो, कोई देख लेगा!'

'बनो मत।' उसने बड़ी बेदर्दी से कहा, 'यहाँ मेरे सिवा है कौन कि देख लेगा!' रामनाथ ने उसका ब्लाउज़ उतार दिया।

उसे इन बातों का कोई अनुभव नहीं था। सब सुनी-सुनाई बातें थीं और कुछ गालियाँ थीं जो उसने कानपुर की सड़कों पर सुनी थीं...तो उसने सोचा कि उन्हीं गालियों को आजमाना चाहिए।

रामनाथ ने कानपुर की सड़कों पर चलती-फिरती गालियों को

आजमाया और यह पाया कि गालियाँ सच्ची और मज़ेदार हैं।...और उस अकेली दोपहर में रामनाथ की आमदनी पचास रुपए बढ़ गई...।

रामनाथ अपनी ज़िन्दगी से नाख़ुश नहीं था। वह पुष्पलता को कभी मुमताज़ मान लेता, कभी शर्मिला टैगोर, कभी वहीदा रहमान...एक-आध बार हेलेन, हेमामालिनी और बिन्दु तक भी बात आ गई।

दूसरी तरफ़ पुष्पलता भी यही खेल खेल रही थी। वह भी अपनी आँखें बन्द कर लेती और रामनाथ के हाथ कभी धर्मेन्द्र के हाथ बन जाते और कभी राजेश खन्ना के...।

मतलब यह कि दोनों ख़ुश थे। शायद ये दोनों यूँ ही बहुत दिनों ख़ुश रहते, पर एक रात राधिका एक पार्टी से लौटी तो उसके बदन के तार खिंचे हुए थे। धर्मेन्द्र ने उसके कन्धों पर हाथ रखकर, उसकी आँखों में झाँकते हुए कहा था, 'भाभी जी, तुम भी कोई चीज़ हो...!' उसके दिमाग़ में रास्ते-भर यही बात गूँजती रही। उसने हज़ार बार दिल-ही-दिल में धर्मेन्द्र से पूछा, 'क्या चीज़ हूँ?' और इस सवाल पर धर्मेन्द्र हँसकर उसकी तरफ़ थोड़ा-सा और सरक आया। यहाँ तक कि बिलकुल उसके ऊपर आ गया और उसकी साँस घुटने लगी। उसके पंजे कार की सीट की मखमल में गड़ गए...उसे पता भी न चला कि कार कब रुकी और बूढ़े ड्राइवर ने कब कार का दरवाज़ा खोला।... राधिका को उस वक़्त बूढ़ा अली मुहम्मद भी ग़ज़ब का जवान लगा और वह मुस्कुरा दी।

अली मुहम्मद ने पूछा, 'अब गाड़ी रख दूँ बीबीजी?'

उसने अपनी आवाज़ सुनी, 'हाँ।'

लिफ़्ट की तनहाई में फिर धर्मेन्द्र ने उसे अपनी बाँहों में दबोच लिया। और लगा कि जैसे वह लिफ़्ट में नहीं, बादलों के गदेले पर है और वह गदेला धीरे-धीरे धर्मेन्द्र की साँसों के साथ ऊपर जा रहा है। लिफ़्ट रुक गई और वह साँसें रोके धर्मेन्द्र से कहती रही कि यह क्या करते हो जी...!

सीन : 75

सोसायटी का चौकीदार लिफ़्ट के बाहर खड़ा राधिका के उतरने का इन्तज़ार कर रहा था। जब राधिका खड़ी मुस्कुराती ही रही तो उसने घबराकर दरवाज़ा खोला और दरवाज़े के खुलने की आवाज़ पर राधिका पल-भर के लिए जागी और लिफ़्ट से उतर गई। चौकीदार जाती हुई राधिका को हैरानी से देखता रह गया...।

राधिका ने घंटी बजाई। एक बार। पल-भर रुकी। दरवाज़ा नहीं खुला। उसने ज़रा लम्बी घंटी बजाई। रुकी। दरवाज़ा नहीं खुला। वह झल्लाई और उसने घंटी पर हाथ रख दिया...।

रामनाथ ने दरवाज़ा खोला।

और राधिका ने देखा कि उसकी क़मीज़ के बटन खुले हुए हैं और छाती के सुनहरे रोयें दिखाई दे रहे हैं। वह अब भी धर्मेन्द्र के नशे में थी। डाँटना भूल गई। मुस्कुराई और बोली :

'सो गए थे क्या?'

रामनाथ ने सर हिला दिया।

वह अन्दर आ गई।

'उल्लू कहीं का!' उसने अपना चेहरा उसके चेहरे के पास ले जाकर कहा।

और रामनाथ के दिमाग़ में कानपुर की गलियों की गालियाँ गूँजने लगीं।

राधिका ने कहा, 'कोई इतनी जल्दी भी सोता है?' उसने अपने पल्लू को सरक जाने दिया और फिर उसे अपने कन्धे पर यूँ फेंका कि रामनाथ उसमें लिपट-सा गया।

राधिका हँसने लगी।

'मुझे एक गिलास पानी पिलाके सो जाना।' यह कहती हुई वह अपने कमरे में चली गई।

रामनाथ किचन में चला गया। पुष्पलता अपने बिस्तर पर जागती रही और फन्दा जी एक हीरो के घर एक छोटी हीरोइन को बैठे देखते

रहे और छोटी हीरोइन बड़े हीरों के जुमलों पर हँसती रही और कुछ उठाने के लिए बार-बार झुकती रही और उसका ब्लाउज़ भी उसके साथ-साथ झुकता रहा और हीरो ब्लाउज़ के अन्दर झाँकता रहा और फन्दा जी कहानी सुनाते रहे...।

'आ जाव।' राधिका ने दस्तक की आवाज़ का जवाब दिया।

वह ट्रांसपेरेंट नाइटी पहने पलंग पर लेटी हुई थी। यह नाइटी दरअसल हेमामालिनी की ड्रेसमेकर ने हेमा के लिए बनाई थी। वह उसे एक फ़िल्म में पहननेवाली थी। पर शूटिंग आगे बढ़ गई और तीन महीने के बाद जब वह नाइटी पहनने का दिन आया तो पता चला कि अब वह हेमा को छोटी पड़ रही है। ड्रेसमेकर से राधिका की जान-पहचान थी तो वह नाइटी राधिका ने ख़रीद ली।

और एक रात यूँ ही वह नाइटी पहनकर लेट गई—फन्दा जी के लिए। पर फन्दा जी ने ग़ौर ही नहीं किया। वह चड्ढी पहने बाथरूम से बाहर आए और राधिका अपने-आपको नंगी दिखाई देने लगी। उसे वह रात याद आई तो उसने होंठ सिकोड़ लिये।

सामने रामनाथ खड़ा था—ठंडे पानी का गिलास लिये।

राधिका ने अँगड़ाई ली और नाइटी कुछ ऊपर सरक आई और उसकी पिंडलियाँ नंगी हो गईं। राधिका को अपनी पिंडलियाँ बहुत पसन्द थीं। उसने देखा कि रामनाथ पिंडलियों को देख रहा है।

'आज पिंडलियों में बड़ा दर्द है। ज़रा दबा दे।'

राधिका ने कहा और यह कहते-कहते वह पलंग पर ज़रा परे सरक गई और पलंग पर उसके लिए जगह बन गई और रामनाथ के कान के पास मुँह लाकर कानपुर गालियाँ बकने लगा...।

पुष्पलता जागती रही। इन्तज़ार करती रही। कुढ़ती रही। आख़िर जब उससे न रहा गया तो वह अपने कमरे से निकली। उसने किचन में झाँका। रामनाथ का बिस्तर ख़ाली था। बाथरूम का दरवाज़ा खुला

था। सिटिंग-रूम में भी रामनाथ का पता नहीं था। माँ का बेडरूम बन्द था। वह दबे पाँव माँ के बेडरूम की तरफ़ गई। उसने की-होल से झाँका। पलंग दिखाई न दिया, पर माँ के हँसने की आवाज़ आई। वह यह आवाज़ पहचान गई। यह तो जैसे ख़ुद उसकी हँसी की आवाज़ थी—वह हँसी, जो रामनाथ से ब्लाउज़ का बटन खुलवाने में आती है।

वह सन्नाटे में आ गई क्योंकि अब रामनाथ उसका प्रेमी भी था और उसका सौतेला बाप भी। राधिका उसकी माँ भी थी और उसकी रकीब भी। उसने दरवाज़े पर दस्तक दी। हँसी बन्द हो गई। उसने दरवाज़ा फिर खटखटाया।

'कौन?'

'मैं।'

मैं। मैं। मैं।...पुष्पलता अपने इस 'मैं' से भर गई और पहली बार उसे ऐसा लगा मानो उसका भी कोई वजूद है, राधिका से अलग ख़ुद उसका अपना एक व्यक्तित्व है। और उस एक पल में वह परछाईं से औरत बन गई और वह मुस्कुराई...।

कमरे का दरवाज़ा खुला। आँखें मलती, जँभाई लेती राधिका ने उसकी तरफ़ देखा और इस बार उसकी निगाहें पुष्पलता के आर-पार भी न देख पाईं। इतनी ही देर में पुष्पलता का व्यक्तित्व जमकर ठोस हो चुका था।

'क्या है?'

यह प्रश्न एक औरत ने दूसरी औरत से किया।

'रामनाथ कहाँ है?'

यह प्रश्न भी एक औरत ने दूसरी औरत से किया।

दोनों औरतों ने एक-दूसरे की आँखों में झाँका। पल-भर के लिए दोनों ने एक-दूसरे का मुक़ाबला किया, फिर राधिका हार गई। वह बिगड़ गई। पर पुष्पलता पर उसके बिगड़ने का कोई असर नहीं हुआ।

सीन : 75

राधिका ने कहा भी कि रामनाथ इतनी रात गए उसके बेडरूम में क्या कर रहा होगा। यह कहकर उसने दरवाज़ा बन्द करना चाहा, पर पुष्पलता अन्दर आ गई और पहली बार राधिका को डर लगा और बाथरूम में छिपा हुआ रामनाथ धर्मेन्द्र से रामनाथ बन गया।

और पुष्पलता कह रही थी कि रामनाथ को यूँ तो बिना कहे घर से बाहर नहीं जाना चाहिए। कोई काम भी निकल सकता है...कि फन्दाजी आ गए। वहाँ जब बड़ा हीरो छोटी हीरोइन के साथ बेडरूम में चला गया तो फन्दा जी क्या दीवारों और सोफों को कहानी सुनाते! तो उठ, आए। चौकीदार ने बताया कि बीबी जी आ चुकी हैं। उनका ख़याल था कि घर में सब सो चुके होंगे। इसीलिए उन्होंने घंटी नहीं बजाई, चुपके से दरवाज़ा खोला कि वह जानते थे कि ज़रा-सी भी आहट हो तो राधिका की आँख खुल जाती है। पर अपने बेडरूम में रोशनी देखकर वह घबरा गए क्योंकि इतनी रात गए तक राधिका का जागना ख़तरे की निशानी था। मतलब यह कि वह लेटी-लेटी उनके और हीरोइन के बारे में सोच रही होगी। यानी रात गई महाभारत में! अपनी बीबी की इसी आदत से वह घबराए रहते थे, क्योंकि अब वह यह कैसे साबित करते कि जिस लड़की की तरफ़ देखकर वह मुस्कुराए थे, वह केवल एक सामाजिक मुस्कुराहट थी और उस मुस्कुराहट का कोई मतलब निकालना ठीक नहीं है। या अगर किसी पार्टी में किसी हीरोइन की बहन या हीरोइन बनने का अरमान रखनेवाली किसी इंडस्ट्रियलिस्ट की जवान और ख़ूबसूरत या बदसूरत लड़की देर तक उनसे बातें करती रही तो इसमें उनका कोई कुसूर नहीं था।...कमरे में बत्ती तो यही कह रही थी कि अब ख़ैरियत नहीं है। पर वह ख़ुद उनका अपना बेडरूम था और वह भागकर कहीं और जा भी नहीं सकते थे। तो जान पर खेलकर, होंठों पर उलटी-सीधी मुस्कुराहट चिपकाकर वह कमरे में गए और जाते ही समझ गए कि बात कुछ और है।

'क्या बात है?' उन्होंने पूछा।

फन्दा पटयालवी उन पंजाबियों में थे जो प्रोड्यूसरों से पंजाबी बोलते हैं और घर के अन्दर हिन्दी, कि उनके ख़याल में पंजाबी गँवारू भाषा है। वह बहुत अकड़कर अपने को उर्दूवाला कहते हैं। इक़बाल और ग़ालिब की बात करते हैं। 'अम्रता पीतम' से नहीं मिलते। जगन्नाथ 'अजाद' को डिनर पर बुलाते हैं...।

'अरे, तुम इतनी जल्दी कैसे आ गए?' राधिका मुस्कुरा रही थी। फन्दा पटयालवी को अपनी आँखों पर यक़ीन नहीं आया।

'जल्दी? तीन बज रहे हैं।' फन्दा जी ने अपनी घड़ी देखी, 'बल्कि तीन बजकर बारह मिनट।' उन्होंने बिलकुल ठीक वक़्त बता दिया और मसानों के दबाव को फिर महसूस करने लगे।

हीरो के यहाँ से उठते-उठते उन्होंने सोचा था कि घर पहुँचते ही वह सीधा पेशाब करेंगे। अब जो पेशाब फिर याद आया तो वह बाथरूम की तरफ़ लपके।

बाथरूम का दरवाज़ा अन्दर से बन्द था। उन्होंने मुड़कर देखा। राधिका और पुष्पलता दोनों ही उनकी तरफ़ देख रही थीं। उनका हाथ दरवाज़े के हैंडिल पर था और वह तेज़ी से यह तय करने की कोशिश कर रहे थे कि यदि बारूथम का दरवाज़ा अन्दर से बन्द हो और बेडरूम में बीवी के साथ जवान बेटी भी खड़ी हो और दोनों दरवाज़े ही की तरफ़ देख रही हों तो उन्हें क्या करना चाहिए।

'अरे हाँ...' उन्हें जैसे एकदम से कोई बात याद आ गई और वह लौट आए। पर उनके लौट आने से किसी ने धोखा नहीं खाया। मगर उन्होंने इस बात की तरफ़ ध्यान ही नहीं दिया, 'पुष्पी, वहाँ पार्टी में तुम्हारी वह सहेली मिली थी, क्या नाम है उसका...?'

उन्होंने मदद के लिए राधिका की तरफ़ देखा। पर राधिका ने कोई मदद नहीं की। वह चुप खड़ी दाँतों से नाखून कुतरती रही।

तो उन्होंने पुष्पलता की तरफ़ देखा। और फिर पूछा, 'क्या नाम है उसका?'

'पहले आप बाथरूम से हो आइए', पुष्पलता ने बड़ी बेदर्दी से कहा, 'मुझे आपसे कुछ बातें करनी हैं।'

'क्या बात है? बाथरूम जाने की क्या जल्दी है?' उन्होंने रास्ता निकालना चाहा।

पर पुष्पलता रास्तों की फ़िक्र में नहीं थी। इसलिए वह कुछ नहीं बोली। बस, फन्दा पटयालवी की तरफ़ देखती रही।

फन्दा बेचारे के पास पुष्पलता की आँखों का कोई जवाब नहीं था। उन्होंने अपनी किसी फ़िल्मी कहानी में ऐसी कोई सिचुएशन ही नहीं बनाई थी आज तक। सच्ची बात तो यह कि उनकी कहानियों में बाथरूम ही नहीं आता था। उनका कहना यह था कि यथार्थ के नाम पर कमोड में झाँकना गन्दी बात है। समाज की माँओं-बहनों के डर से वह तो अपनी फ़िल्मी कहानियों में हीरो को हीरोइन के करीब तक नहीं आने देते थे। प्रोड्यूसर बहुत ज़ोर डालते तो यह कोई ड्रीम-सिक्वेंस डाल देते। क्योंकि ख़याल पर तो किसी का बस होता नहीं। बकिंघम पैलेस का साईस भी मलिका एलिज़ाबेथ का सपना देख सकता था। इसलिए जब जीवन के यथार्थ में फन्दा पटयालवी को बाथरूम का सामना करना पड़ा तो वह चकरा गया।

'ठीक है।' उन्होंने कहा, 'हो ही आता हूँ बाथरूम से। तब तक तुम एक गिलास पानी ला दो। बड़ी प्यास लग रही है।'

पुष्पलता ने सुनी-अनसुनी कर दी।

कमरे में सन्नाटा हो गया।

फन्दा पटयालवी को बाथरूम के दरवाज़े तक जाना पड़ा। इस बार दरवाज़ा खुल गया। वह अन्दर चला गया। उसने दाहिने-बाएँ नहीं देखा, सीधा वाश-बेसिन पर जाकर कुल्ली करने लगा। पर सामनेवाले

सीन : 75

आईने में रामनाथ साफ़ नज़र आ रहा था...। तौलिये से मुँह पोंछकर फन्दा पटयालवी बाहर आ गए।

'हाँ, पुष्पी, अब बताओ, क्या कहना है?'

'कुछ नहीं।' पुष्पलता ने कहा।

कोई फिर कुछ नहीं बोला। पुष्पलता चली गई। फन्दा जी राधिका के साथ अकेले रह गए।

'बहुत नींद आ रही है।' फन्दा जी यह कहकर पलंग पर जा लेटे। उन्होंने दीवार की तरफ़ मुँह कर लिया।

रामनाथ चुपके से निकला। उसने मुँह फेरकर लेटे हुए फन्दा पटयालवी की तरफ़ देखा। राधिका की तरफ़ देखा जिसने उसकी तरफ़ एक खामोश-सा बोसा उछाल दिया। वह बाहर चला गया। बाहर जाकर उसने बेडरूम का दरवाज़ा धीरे से बन्द कर दिया।

पर जब अपने बिस्तर पर पहुँचा तो यह देखकर चौंक पड़ा कि उस पर पुष्पलता लेटी हुई है। वह घबरा गया।

'और जो साहब या बाई आ गए?' उसने पीछे देखते हुए कहा।

'तो क्या हो गया?' पुष्पलता ने सवाल किया।

'देख लेंगे तो क्या कहेंगे?'

'बाथरूम में देखकर क्या कहा था उन्होंने?' पुष्पलता ने पूछा।

रामनाथ के पास इस सवाल का जवाब नहीं था। और चूँकि उसके पास पुष्पलता के सवाल का जवाब नहीं था, इसलिए वह पुष्पलता के साथ लेट गया और कानपुर की गालियाँ याद करने लगा।

उस रात के बाद से रामनाथ का हौसला बढ़ गया। वह फन्दा जी का नौकर था, पर एक हद तक उन पर हुक्म चलाने लगा।

फन्दा जी की समस्या यह थी कि अभी तक उन्होंने रामनाथ की तमाम 'ओरिजिनल' कहानियों पर कब्ज़ा नहीं किया था और उसकी कहानी पर बननेवाली फ़िल्म अगले हफ़्ते रिलीज़ होनेवाली थी और

वह यह नहीं चाहते थे कि फ़िल्म की रिलीज़ के वक़्त रामनाथ किसी और घर में हो। और वह यह भी जानते थे कि यहाँ से निकलते ही कोई-न-कोई फ़िल्मी लेखक या हीरो-लेखक उसे हथिया लेगा।

रामनाथ को बड़ा आराम हो गया परन्तु कभी-कभार तो राधिका और कानपुरी गालियों का सम्बन्ध जोड़ना और बात है और दिन-रात यही करना असम्भव। ऊपर से पुष्पलता की माँगें भी बढ़ती जा रही थीं...। माँ के सामने तो उसने झिझकना ही छोड़ दिया था। राधिका के सामने ही वह रामनाथ को छेड़ती और अपने कमरे में चलने के इशारे करती। जाहिर है कि राधिका जलने और चुप रहने के सिवा कुछ नहीं कर सकती थी...।

जिन दिनों यह क़िस्सा चल रहा था, लिज़ा से रामनाथ की मुलाक़ात हो चुकी थी। उसे लिज़ा अच्छी भी लगने लगी थी और वह अपने-आपको कुछ-न-कुछ लिज़ा के लिए बचाना चाहता था। उसने लिज़ा को अपने चक्कर नहीं बताए थे। पर लिज़ा कब से कह रही थी कि वह फन्दा जी की नौकरी छोड़कर उसकी बाई के यहाँ नौकरी कर ले। उन्हें ऊपर का काम करनेवाले की ज़रूरत है।

रामनाथ जानता था कि ऊपर का काम करने में तो उसका जवाब नहीं है। वह पुष्पलता और राधिका से थक भी गया था।

फिर ऐसा हुआ कि उन्हीं दिनों कानपुर से उसका एक दोस्त भागकर बम्बई आ गया। वह उसे फन्दा जी के पास ले गया और बोला, 'सेठ जी, यह ग़फ़्फ़ार कानपुरी हमसे भी अच्छा इस्टोरी राइटर है...'

चुनाँचे ग़फ़्फ़ार कानपुरी फन्दा जी के यहाँ लग गया और रामनाथ मिढा साहब के यहाँ चला गया।

लिज़ा को तो रामनाथ अच्छा लगता था, पर उसकी माँ मिसेज़ डिसूज़ा बड़ी सख़्त कैथोलिक थीं और वह इसे गवारा नहीं कर सकती

थीं कि लिज़ा कानपुर के किसी हिन्दू को डेट करे। इसलिए रामनाथ पीटर सिंघ हो गया। लिज़ा ने उसे सामने क्रॉस बनाना और 'एमेन' कहना सिखा दिया।

वह इतवार को सूट पहनकर लिज़ा के साथ चर्च जाता। शुरू में तो चर्च से निकलता तो देर तक अपने घुटने सहलाता रहता। पर लिज़ा के लिए वह इतनी कुर्बानी करने को तैयार था।

बाज़ार में ग़फ़्फ़ार कानपुरी से उसकी मुलाक़ात अक्सर होती रहती। फन्दा जी ने उसका नाम राममनोहर कर दिया था कि सोसायटी के लोगों को इस बात पर एतराज़ न हो कि उनके घर में एक मुसलमान नौकर कैसे काम कर रहा है।

तो वह ग़फ़्फ़ार कानपुरी से राममनोहर कानपुरी हो गया था। उसने फन्दा जी से साफ़ कह दिया कि नाम चाहे जो रख लो, पर वह कानपुरी ज़रूर रहेगा और फन्दा जी ने इस पर कोई ख़ास एतराज न किया।

ग़फ़्फ़ार कानपुरी उर्फ़ राममनोहर कानपुरी ने पूरी तरह रामनाथ की जगह ले ली। परन्तु ग़फ़्फ़ार रामनाथ से ज़्यादा तेज़ था। उसे कानपुरी गालियाँ भी ज़्यादा याद थीं। इसलिए उसकी आमदनी भी रामनाथ से ज़्यादा हो गई। रामनाथ ने राधिका से तनख़्वाह नहीं ली थी, पर ग़फ़्फ़ार ने सोचा कि वह मुफ़्त में क्यों काम करे।

रामनाथ को वह मज़े ले-लेकर क़िस्से सुनाता। पुष्पलता उसे सचमुच अच्छी लग गई थी। कहता, 'क्या लौंडिया है यार! किरमिच के गेंद की तरह उछलती है!' और यह कि वह पुष्पलता के साथ भागने का प्रोग्राम बना रहा है।

रामनाथ ने समझाया कि यह बेवकूफ़ी न करना, नहीं तो आज जो पुष्पलता उसका ख़र्चा उठा रही है, उसी पुष्पलता का ख़र्च उसे उठाना पड़ेगा। साले, चूतिया हो गए हो?

पर ग़फ़्फ़ार वाक़ई चूतिया हो गया था।...फिर उन्हीं दिनों एक

अजीब घटना घटी जिसकी वजह से ग़फ़्फ़ार को अपना प्रोग्राम आगे बढ़ाना पड़ा।

हुआ यह कि 'काँच भवन कोऑपरेटिव हाउसिंग सोसायटी' में फन्दा जी के सामनेवाले फ़्लैट में एक मदहोश साहब रहते थे। फ़िल्मी कहानियाँ लिखते थे और उससे जो समय बचता था, उसे रोज़े-नमाज़ में गुज़ारते थे। उनके घर में एक नौकर, तीन बेटियाँ और एक बीवी के सिवा फ़िल्म-फ़ेयर की टो ट्रॉफ़ियाँ रहती थीं। नौकर का नाम अब्दुल हसन था। अब्दुल पुकारा जाता था।

मदहोश साहब सख़्त मुसलमान थे। हिन्दू के हाथ का छुआ नहीं खाते थे। कहते थे कि मुशरिक नापाक होता है। होटल में खाना नहीं खाते थे कि क्या पता, गोश्त हलाल का है या झटके का। इसलिए अब्दुल की बड़ी मान-जान थी।

एक दिन पता चला कि उसका असली नाम तो मुरारीलाल है। बाप का नाम घनश्याम प्रसाद। माँ का नाम रुकमनी यानी ख़ानदानी हिन्दू है। उसके हिन्दू होने का सबसे ज़्यादा दुख मदहोश साहब की बड़ी बेटी आलिया को हुआ क्योंकि वह बड़ी मज़हबी बच्ची थी। हिन्दुओं से ज़रा नहीं डरती थी। चुनाव में मुसलिम लीग का काम करती थी। पर उसे यह पता ऐसे वक़्त पर चला जब वह कुछ कर ही नहीं सकती थी। उस वक़्त वह एक मुसलमान लड़की नहीं थी, केवल एक जवान लड़की थी और उसी से पैसे लेकर अब्दुल ने सीज़र्स पैलेस में कमरा बुक किया था और वह कॉलेज से सीधी वहीं आ गई थी और कमरे का दरवाज़ा अन्दर से बन्द था और वह अब्दुल के साथ अकेली थी...।

उसने जब देखा कि अब्दुल मुसलमान नहीं है तो उसके पाँव तले की ज़मीन निकल गई और वह चकराकर अब्दुल की बाँहों में आ गई...अब्दुल जो मुरारीलाल था!

अब यह मुरारीलाल यदि रामनाथ या ग़फ़्फ़ार कानपुरी की तरह

समझदार रहा होता तो कुछ हुआ ही न होता। पर उसने तो ग़ज़ब यह किया कि सोसायटी के तमाम नौकरों में यह बात मशहूर कर दी कि मुसलमान लड़कियों का मज़ा ही और होता है। कई नौकरों ने उसके ज़रिये आलिया को चखा भी और सब उससे सहमत भी हुए कि मुसलमान लड़कियों का मज़ा ही कुछ और होता है। अब राममनोहर उर्फ़ ग़फ़्फ़ार कानपुरी के लिए मुश्किल पड़ी। इस्लाम ख़तरे में था। तो जब मुरारीलाल उर्फ़ अब्दुल के ज़रिये उसे आलिया को चखने का अवसर मिला तो वह आलिया पर बरसा नहीं। उसने आलिया का गला घोंट दिया।

खलबली पड़ गई।

राममनोहर कानपुरी गिरफ़्तार कर लिया गया। दूसरे दिन के अख़बारों में उसकी तसवीरें छपीं। पत्रकारों का ख़याल था कि यह इश्क़ और रिक़बात का मुआमला है। अलग-अलग पत्रकारों ने अलग-अलग कहानियाँ लिखीं। आलिया की तसवीरें भी छपीं और उसकी छोटी बहनों की भी। नतीजे में उसकी दोनों छोटी बहनों को कई प्रोड्यूसरों ने अपनी फ़िल्मों की हीरोइनों के रोल में साइन कर लिया। ख़ुद मदहोश साहब को कई फ़िल्में मिल गईं...।

जिस दिन केस शुरू हुआ, उस दिन सोसायटी के तमाम लोगों के अलावा सरला और रमा भी कचहरी पहुँचीं, क्योंकि राममनोहर पीटर का दोस्त था और पीटर सरला का बावरची। तो ज़ाहिर है कि इन दोनों की हमदर्दियाँ राममनोहर कानपुरी के साथ थीं।

'तुम्हारा नाम?' वकील सरकार ने सवाल किया।

'अब्दुल ग़फ़्फ़ार वल्द अब्दुल जब्बार कानपुरी...'

फन्दा जी सन्नाटे में आ गए।

राधिका सन्नाटे में आ गई।

पुष्पलता खिलखिलाकर हँस पड़ी और अदालत से निकाल दी गई।

'क्या तुमने आलिया बाई का ख़ून किया?'

'किया साहब।'

'क्यों?'

'का करते साहब? हम पूछत रहें कि का मुसलमान मर्द सब मरबिला गए रहे कि ऊ बुरचुदौनी हिन्दुवन से...'

—मैं, राही मासूम रज़ा, यहाँ कहानी में दाख़िल होने की इजाज़त चाहता हूँ। इस कहानी के तमाम पात्र काल्पनिक हैं और आधुनिक भारतीय समाज से उनका कोई तअल्लुक़ नहीं है। यदि किसी को अपनी या अपने किसी दोस्त की झुनुक मिल जाए तो उसके लिए क्षमा चाहता हूँ। पर मैं कोई अल्लाह मियाँ तो हूँ नहीं कि मनगढ़न्त सूरतें बनाता रहूँ। मैं तो देखी-भाली सूरतों ही को काट-छाँट के अपनी कहानी के क़ाबिल बना लेता हूँ। सच पूछिए तो मैं ग़फ़्फ़ार कानपुरी या मुरारीलाल की बातें करना ही नहीं चाहता था। पर ये लोग दरवाज़ा तोड़ के कहानी में घुस आए तो मैं क्या करूँ! पात्र कथाकार से कहीं ज़्यादा शक्तिशाली होते हैं। इसलिए आइए, मिढा साहब के किचन में लौट चलें।

...रामनाथ उर्फ़ पीटर ने लिज़ा के ब्लाउज़ में हाथ डाला और लिज़ा ने हँसते हुए उसका हाथ झटक दिया।

लिज़ा ने कहा, 'इ क्या करता है मैन!'

रामनाथ ने कहा, 'देखता है कि सब ख़ैरियत है कि नहीं। अरे उ साला लोग का कोई ठीक है! तुम साफ़-साफ़ बोल द्यो कि अपन से कब सादी बनाएगा। हम साला तुम्हारा ब्लाउज़ का वास्ते इहाँ नहीं आया है। फन्दा जी का फ़्लैट में दू-दू ब्लाउज़ था, और तुम्हारी मम्मी मरने का पिरोगेराम ही नहीं बनाती...'

सीन : 75

लिज़ा ने उसके होंठों पर हाथ रख दिया और रामनाथ ने उसका हाथ चूम लिया। ये बातें वह हिन्दी फ़िल्मों से सीख चुका था।

लिज़ा बोली, 'सादी बनाएगा तो रखेगा कहाँ?'

'दिल में।' रामनाथ ने छाती ठोंककर कहा।

'बाथरूम करने कहाँ जाएगा?'

रामनाथ के पास इस सवाल का जवाब नहीं था। सटपटाकर चुप हो गया और झेंप मिटाने के लिए उसने किचकिचा के लिज़ा का चुम्मा ले लिया।

लिज़ा ने प्यार दे तो दिया, पर प्यार की गर्मी में वह काम की बात नहीं भूली। उसने फिर पूछा, 'मैरेज बना के कहाँ रखोगे...?'

सच्ची बात यह है कि रामनाथ शादी के मूड ही में नहीं था। वह लिज़ा से शादी करने के लिए बम्बई नहीं आया था। वह आया था फ़िल्म स्टार बनने...फ़िल्म स्टार न बन सके तो लेखक बनने। लिज़ा तो चाय की एक प्याली थी। थकन मिटाने के लिए वह एक-आध चुस्की ले लिया करता था। पर वह लिज़ा से यह बात कह नहीं सकता था। इसलिए उसने लिज़ा की गर्दन में बाँहें डालकर कहा, 'डार्लिंग, हुकुम द्या। फ़्लैट बुक करा लेते हैं टू बेडरूम का...'

इसीलिए जब एक दिन रमा ने मनचन्दानी के लिए थर्मस से चाय उड़ेलते-उड़ेलते 'सुरसिंगार' में रामनाथ को देखा तो चौंक पड़ी।

'इत्थे की कर रहा है तू?' रमा ने उसे ललकार लिया कि सरला राह देख रही होगी और वह मटरगश्ती कर रहा है।

थोड़ी देर तक तो रामनाथ चुपचाप सुनता रहा। फिर उसने गर्दन टेढ़ी करके कहा, 'फ़्लैट बुक किया है बाई!'

सीन : 75

रमा पर जैसे बिजली गिर पड़ी। यह कैसे हो सकता है कि जिस बिल्डिंग में उन्होंने फ़्लैट बुक करवा रखा है, उसी में सरला के नौकर का भी फ़्लैट बुक है।

मनचन्दानी ने रामनाथ की तरफ़ देखकर बुरा-सा मुँह बनाया।

रामनाथ ने ये बातें नहीं देखीं। वह तो इस ख़याल के नशे में था कि वह फ़्लैट ख़रीदनेवाला है। इसलिए खीसें निकालकर उसने कहा, 'बहेनजी, वह...'

बहेनजी?

रमा सन्नाटे में आ गई।

'मरे तू!' रमा ने झल्लाकर कहा, "मैं तेरी बहेनजी कब हो गई?" वह मनचन्दानी की तरफ़ मुड़ी। 'की रब दी शान...'

रमा ने ज़माने की ख़राबी पर एक पूरा लेक्चर झाड़ दिया। यह ज़माना तो केशव के युग से भी कहीं ज़्यादा बुरा निकला। उन्हें तो जवान औरतों ने बाबा ही कहा था। यहाँ तो सखी का नौकर बहेनजी कह रहा है और इसी पर बस नहीं। बहेनजी कहके सामने खड़ा मुस्कुरा भी रहा है। इसलिए रमा ने भाषण की तलवार भाँज के, अपनी तरफ़ से, रामनाथ के टुकड़े उड़ा दिये।

पर रामनाथ तो अब भी सामने खड़ा मुस्कुरा रहा था।

बोला, 'बहेनजी, मैं फ़िल्म रायटरी करता हूँ...'

रमा की आँखें फटी-की-फटी रह गईं।

रामनाथ समझ गया कि रमा को यक़ीन नहीं आया तो उसने जेब से फ़िल्म राइटर्स एसोसिएशन का कार्ड निकालकर सामने कर दिया और तब रमा चोपड़ा को पता चला कि उसने अब तक तीन कहानियाँ बेच भी ली हैं।

सीन : 75

हुआ यह कि फन्दा पटयालवी तो रामनाथ के चले जाने के बाद मुसीबत में पड़ गए। रामनाथ के आने से पहले वह दूसरे क़िस्म की कहानियाँ लिखा करते थे। और उनके बाज़ार में वह पहली-जैसी बात नहीं रह गई थी। वह परेशान रहने लगे थे कि दो-एक बरस के बाद क्या होगा। और उन्हें इस चक्कर से निकलने का कोई रास्ता नहीं सूझ रहा था कि भगवान ने रामनाथ को भेज दिया और एकाएक फन्दा पटयालवी की कहानियों का स्टाइल बदल गया। बड़े-बड़े डायरेक्टर, प्रोड्यूसर, प्रोड्यूसर-डायरेक्टर और स्टार उनके आगे-पीछे घूमने लगे। जिसे देखिए, अपनी इम्पोर्टेड कार लिये फन्दा पटयालवी के दरवाज़े पर खड़ा है। फन्दा जी पहले की तरह फिर लोगों पर फ़िल्मी दुनिया के बड़े-बड़े नाम लुढ़काने लगे।

'क्या बताऊँ साहब, बी.आर. किसी तरह जान ही नहीं छोड़ते।... दिलीप कुमार से तो कल मैंने कह दिया कि आप अब रिटायर हो जाइए...राज जी, मतलब राजकपूर सर हैं कि ख़्वाजा साहब से अब काम नहीं चल रहा है...पर साहब, मैं आदमी हूँ, मशीन तो नहीं हूँ कि कहानियाँ ढालता जाऊँ...'

फन्दा पटयालवी इसीलिए सब कुछ झेल रहे थे। घर के अन्दर क्या होता है, वह किसे मालूम! वह अपनी बीवी से बोर भी हो चुके थे। रामनाथ की वजह से वह उस 'मेहनत' से भी बचे हुए थे।... और सच्ची बात तो यह है कि रामनाथ ही के दौर में उन्होंने अपना सबसे ज़्यादा लोकप्रिय उपन्यास 'साँच की आँच' लिखा। और इस उपन्यास के बारे में कई आलोचकों ने यह लिखा कि इन दिनों जबकि जीवन के मूल्यों की टूटन की आवाज़ हर तरफ़ से आ रही है, 'साँच की आँच' लिखकर फन्दा जी ने अपने सामाजिक कर्तव्य का पालन किया है। मनुष्य केवल रोटी के सहारे नहीं जी सकता। उसे जीवन को जीने योग्य बनाने के लिए मूल्यों की ज़रूरत हमेशा

रहेगी और फन्दा जी ने पात्रों को पीछे हटाकर मूल्यों को पात्र बनाने की जो हिम्मत की है, उसे आधुनिक आलोचना नज़रअन्दाज़ नहीं कर सकती...।

'साँच की आँच' पर पुष्पलता और राधिका, दोनों ही जी खोल के हँसीं। पर उनकी हँसी फ़्लैट के अन्दर थी...।

कहने का मतलब यह कि फन्दा जी रामनाथ के बिना जी ही नहीं सकते थे। और रामनाथ को लिज़ा उड़ा ले गई। पहले तो वह जी-ही-जी में ख़ुश हुए क्योंकि उनको पुष्पलता की तरफ़ देखकर मुस्कुराता हुआ रामनाथ एक आँख नहीं भाता था। दूसरी तरफ़ पुष्पलता-राधिका-रामनाथ त्रिकोण से घर में एक तनाव भी था। पुष्पलता और राधिका में खींचा-तानी मची हुई थी और दोनों ही रामनाथ को ज़्यादा मेहरबानियों से अपने बस में रखने की कोशिश में लगी हुई थीं। ज़ाहिर है कि उनकी मेहरबानियों का बोझ फन्दा जी की आमदनी पर पड़ता था।...इसलिए पहले तो उन्होंने रामनाथ के जाने पर शुक्र किया। परन्तु एक प्रोड्यूसर को कहानी सुनाते-सुनाते उन्हें एकदम से यह एहसास हुआ कि वह अपने पुराने स्टाइल की तरफ़ लौट रहे हैं।

'एक बात दसूँ,' प्रोड्यूसर ने कहा, 'ए इस्टोरी में ओ बात नहीं, रस दी कमी ए...'

फन्दा जी का माथा ठनक गया। और वह इस नतीजे पर पहुँचे कि रक़ीब के बिना अब उनका काम नहीं चल सकता। 'साँच की आँच' लिखने की बात ठीक, पर यह भी उतना ही ठीक है कि प्रोड्यूसरों को रामनाथ, मिडिल पास (या फ़ेल), की कहानियों की ज़रूरत है। और यह भी ठीक था कि उन्होंने इस वादे पर एक उभरते हुए सितारे से पुष्पलता की शादी ठहराई थी कि वह उसे हीरो लेकर एक फ़िल्म ख़ुद प्रोड्यूस करेंगे। उस फ़िल्म और शादी के ख़र्च के लिए उन्हें लगभग सात-साढ़े सात लाख रुपयों की ज़रूरत थी और यह रक़म वह

रामनाथ की मदद के बिना नहीं जमा कर सकते थे। चुनाँचे फन्दा-नाथन टीम बन गई।

हिन्दी फ़िल्मों की दुनिया आधे-अधूरे लोगों की दुनिया है। यहाँ दो मिलकर तीन नहीं बनते। यहाँ दो के मिलने से एक बनता है। शंकर-जयकिशन, लक्ष्मीकान्त-प्यारेलाल, कल्याण जी-आनन्द जी, सलीम-जावेद, सपन-जगमोहन, फ़ैज़-सलीम, मजीद-नारवी-ग्रीश—दो से एक बनने का एक पूरा सिलसिला है। हद तो यह है कि यदि एक को अपने में मिलाने के लिए दूसरा नहीं मिलता तो वह अपने इकहरेपन को मिटाने के लिए अपने नाम को दुहरा कर लेता है—श्याम जी-घनश्याम जी।

पर जिन दिनों की बात चल रही है, उन दिनों नामों की जोड़ी केवल फ़िल्मी संगीत की दुनिया में चालू हुई थी। फन्दा जी ने पहली लेखक-जोड़ी बनाई और अंग्रेज़ी साप्ताहिक 'स्क्रीन' के पूरे पन्ने पर फन्दा-रामनाथ फ़ोटोग्राफ़ के साथ इस ख़बर का ऐलान किया गया और फ़िल्मी दुनिया में भूचाल आ गया...।

ज़ाहिर है कि फन्दा का पार्टनर मिढा साहब के यहाँ खाना पकाने की नौकरी नहीं कर सकता था। इसलिए फन्दा जी ने उसे वहाँ से अलग होने की राय दी। उसे खार में एक बेडरूम का फ़्लैट रहने को दिया। यह फ़्लैट बाद में वह अपने दामाद को देने का फैसला कर चुके थे और होनेवाले दामाद को यह बात बता भी चुके थे। इसलिए उन्होंने 'देवनिवास' में अपने लिए जो फ़्लैट बुक करवाया था, वह रामनाथ के नाम ट्रांसफ़र कर दिया गया और यूँ रामनाथ और रमा की मुलाक़ात 'देवनिवास' में हुई।

'...तू क्या करता है?' रमा ने अचम्भे से पूछा।

'फ़िल्म रायटर।' रामनाथ ने कहा था।

सीन : 75

उसे मालूम था कि रमा यह बात नहीं मानेगी। और रमा ही क्यों, कोई यह बात नहीं मानेगा कि एक बावरची लेखक हो गया है, इसीलिए तो उसने ज़िद की कि स्क्रीन में उसका फ़ोटो छपे और स्क्रीन की वह कॉपी उसकी जेब में थी। उसने वह कॉपी निकाल के रमा के सामने कर दी।

रामनाथ ने यह भी सोच लिया था कि आगे चलकर यह अच्छा नहीं लगेगा, यदि किसी पार्टी-वार्टी में सरला या उसकी किसी सहेली या मिढा या उनके किसी दोस्त ने यह कह दिया कि वह तो खाना पकाने की नौकरी किया करता था। इसलिए उसने राम और श्याम के जोड़ पर अपनी भी एक कहानी सोच ली थी। और वह कहानी भी जुड़वाँ भाइयों की थी। जो पीटर सरला के घर खाना पकाया करता था, वह रामनाथ का भाई था।

उसने जब यह आइडिया फन्दा जी को दिया तो वह उछल पड़े कि यह तो गोल्डन-जुबली-आइडिया है।

तो रामनाथ ने इस गोल्डन-जुबली-आइडिया को रमा पर आजमाने का फैसला किया। बोला, 'बहेनजी, आप शायद मुझे श्यामनाथ समझ रही हैं जो पीटर के नाम से कहीं खाना पकाया करता था...'

रमा तो अपनी इज़्ज़त बचाने के लिए कुछ भी मानने पर तैयार थी। यदि यह वह पीटर नहीं जो सरला के घर खाना पकाता है तो इसके पड़ोसी होने में क्या नुकसान है!

बात यह है कि सरला के मायके जाने के कारण चूँकि इधर कोई दो महीने से रमा का उधर आना-जाना नहीं हो रहा था, इसलिए उसे यह ख़बर ही नहीं थी कि पीटर अब वहाँ काम नहीं करता। सरला आज ही लौटी है और रमा मनचन्दानी को, रामनाथ के आने से पहले, यही बता

रही थी कि आज सरला आई है और वह उसे लेने स्टेशन भी नहीं जा सकी और इस पर सरला बहुत लड़ेगी...।

वह हँसी, 'तुम दोनों की सूरत तो बिलकुल एक-जैसी है।' उसने थर्मस के ढकने में रामनाथ के लिए चाय उड़ेलते हुए कहा।

उसने सोचा, अभी दोस्ती कर लो कि बाद में मुहूरत और प्रीमियर के इनविटेशन माँगने में परेशानी न हो।

रमा रामनाथ से दोस्ती करने में जुट गई। मनचन्दानी बोर होकर स्क्रीन पढ़ने लगा और उसे फन्दा-नाथन जोड़ी के बारे में कई बातें मालूम हुईं।

पंचारण मिश्र, गुजराती-मराठी-हिन्दी-अंग्रेज़ी पत्रकार ने रामनाथ को रामनाथन बनाकर उसकी पूरी जीवन-कथा लिख दी थी जिससे मनचन्दानी को पता चला कि रामनाथन अपने पिता के अचानक मर जाने के कारण एम.ए. का इम्तिहान नहीं दे पाया। यूनिवर्सिटी के दिनों को रामनाथन अब भी याद करता है तो उदास हो जाता है। वह टेनिस लांज़ की बहारें, वह ड्रामा क्लब के हंगामे!

रामनाथन को ऐक्टिंग का शौक़ तो बचपन से है। ऐक्टिंग का शौक़ उसके स्वर्गवासी पिता को भी था और वह उत्तर प्रदेश की एक मशहूर नाटक-मंडली का हीरो था...।

रामनाथ जानता था कि ये तमाम बातें ग़लत हैं, पर पंचारण मिश्र ने उसे यक़ीन दिला दिया था कि फ़िल्मी दुनिया में सब कुछ चलता है। सब जानते हैं कि ये बातें ग़लत हैं, पर सभी के बारे में ये बातें लिखी जाती हैं और इसीलिए कोई छानबीन नहीं करता। पंचारण मिश्र ने तो अपनी तरफ़ से रामनाथ के पसन्दीदा लेखकों के नाम भी लिख दिये थे।

फन्दा जी ने स्क्रीन का लेख पढ़ने के बाद उसे बताया कि ड्रामा-लेखकों में वह शेक्सपियर और इबसन का क़ायल है। उपन्यास-लेखकों में बाल्ज़क और तॉल्सतॉय का आशिक़ है। कवियों में उसे कीट्स की उदासी और गेटे की नज़र की गम्भीरता अच्छी लगती है...।

पंचारण मिश्र ने इसका ख़याल रखा था कि ऐसे ही लेखकों और कवियों का नाम लिया जाए जिन्हें फ़िल्मवाले नहीं पढ़ते, पर कभी-कभार जिनकी बातें ज़रूर करते हैं। हिन्दुस्तानी थियेटर ने जब इब्सन के ड्रामे 'चार्लीज़-ऑण्ट' का हिन्दी अनुवाद 'ख़ालिद की खाला' को स्टेज किया तो फ़िल्मवालों को पता चला कि शेक्सपियर के अलावा भी कोई ड्रामे लिखा करता था। 'माई फ़ेयर लेडी' की रिलीज़ के बाद उन्हें बर्नार्ड शॉ का नाम भी मालूम हो चुका था, पर इब्सन का नाम लोग बचाए रखते थे। उसके ड्रामों के नाम भी याद कर लिये गए थे और कई स्टार तो इब्सन की बात यूँ करने लगे थे जैसे इब्सन के नाम से सारे ड्रामे उन्होंने लिखे हैं! इसी बात को ध्यान में रखते हुए पंचारण मिश्र ने उसके इंटरव्यू में इब्सन का नाम टाँक दिया था।

पंचारण मिश्र का कहना था कि यदि कोई लेखक यह कहके सुदीपकुमार, बलराज कपूर, वृजेन्द्र या रमेश खन्ना को अपनी कोई सड़ी हुई कहानी भी सुना दे कि इस कहानी का आधार इब्सन का कोई ड्रामा है तो ये लोग तुरन्त तैयार हो जाएँगे और फिर लेखक प्रोड्यूसर से मनचाहा दाम ले सकता है।

बम्बई में कहानी नहीं, हीरो की 'हाँ' बिकती है, और इसीलिए पंचारण मिश्र ने इंटरव्यू में उसके चहेतों में किसी भारतीय लेखक का नाम तो इसलिए नहीं लिखा कि प्रोड्यूसरों को लेखकों के नाम बताना अपने पाँव में कुल्हाड़ी मारने के बराबर है। पर जब रामनाथन के चहेते ऐक्टरों की बात निकली तो पंचारण मिश्र ने केवल भारतीय नामों से काम लिया।

दो-एक बुझते हुए सितारों के ख़िलाफ़ भी रामनाथ ने अपने ख़यालों का इज़हार किया ताकि उसकी इमेज यह बने कि वह बहुत साफ़-गो और मुँहफट आदमी है और मसकेबाज़ी के ख़िलाफ़ है।

मनचन्दानी पर रामनाथ की क़ाबिलियत का बड़ा रोब पड़ा।

सीन : 75

'आप लोग कहानी सोच कैसे लेते हैं?' मनचन्दानी ने सवाल किया।

रामनाथ हँस पड़ा। बोला, 'कहानी लिखना कौन-सा मुश्किल काम है? पेन लिया और लिखना शुरू कर दिया।'

यह बात मनचन्दानी की समझ में नहीं आई। वह सवाल करने ही वाला था कि रामनाथ ने जेब से 555 की डिबिया निकाली और मनचन्दानी की तरफ़ बढ़ाई।

मनचन्दानी बीड़ी से तरक़्क़ी करके नये-नये चारमीनार तक पहुँचा था। उसकी ज़िन्दगी में पहली बार 555 सिगरेट की डिबिया इस क़दर पास आई थी, तो उसने एक सिगरेट निकाल ली।

रामनाथ ने सुनहरे लाइटर से पहले मनचन्दानी की सिगरेट सुलगवाई और फिर अपनी सिगरेट सुलगाई।

'मगर आप लोगों को यह कैसे पता चल जाता है कि कहानी में किस बात के बाद कौन-सी बात होगी?' मनचन्दानी ने 555 का एक लम्बा कश लेने के बाद पूछा।

रामनाथ फिर हँसा।

बात यह है कि पंचारण मिश्र ने उसे यह बात अच्छी तरह समझा दी थी कि यदि कोई सवाल समझ में न आए या जवाब न मालूम हो तो हँस पड़ना चाहिए कि पूछनेवाले को यूँ लगे, जैसे उसने कोई बेवक़ूफ़ी की बात पूछी थी और सवाल को हँसी ही में उड़ा देना चाहिए।

वैसे पंचारण मिश्र ने उसे तमाम ज़रूरी सवालों के जवाब याद करवा दिये थे। ज़ाहिर है कि पैसे फन्दा जी के ख़र्च हो रहे थे। और ठहरी यह थी कि कुल कमाई का दस प्रतिशत पंचारण मिश्र लेंगे। साठ प्रतिशत फन्दा जी और तीस प्रतिशत रामनाथ को मिलेंगे।

पंचारण मिश्र ने अपने-आपको रामनाथ का सेक्रेटरी भी बना लिया

था। इस काम के लिए वह कोई तनख़्वाह नहीं बल्कि केवल तीन सौ रुपए महीना कार का ख़र्च लेनेवाला था। जो बात रामनाथ को मालूम नहीं थी, वह यह कि पंचारण मिश्र फन्दा पटयालवी का पत्ता काटकर ख़ुद रामनाथ के साथ पार्टनरशिप करने की सोच रहा था। और इसीलिए वह रामनाथ का इमेज बूस्ट-अप करने में जी-जान से लगा हुआ था।

सच्ची बात यह कि पंचारण मिश्र अहमदाबाद से फ़िल्म-लेखक बनने आया था। दाल नहीं गली। क्योंकि उन दिनों लेखक मुंशी कहा जाता था। उसके पास, उसके ख़याल में, बेशुमार फैंटास्टिक कहानियाँ थीं, पर पंडित सुदर्शन, भरत व्यास, शम्स लखनवी वग़ैरह के सामने प्रेमचन्द, यशपाल, भगवतीचरण, अली अब्बास हुसैनी, कृश्न चन्दर, बेदी, मंटू और इस्मत चुगताई की नहीं चली तो बेचारे पंचारण मिश्र किस खेत की मूली थे। परन्तु इन्होंने हिम्मत नहीं हारी। लेखक नहीं बन सके तो फ़िल्मी पत्रकार बन गए कि फ़िल्मी पत्रकार करने या बनने में क्या जाता है! पर उससे भी काम न चला तो पब्लिक रिलेशन का काम करने लगे। फ़िल्म फ़ेयर अवार्ड बेचने लगे। अपना फ़्लैट हो गया, कार हो गई, बीवी-बच्चे हो गए, छोटा-मोटा सा बैंक-बैलेंस भी हो गया। पर वह जो लेखक बनने की फाँस दिल में चुभी हुई थी, वह खटकती रही...। यहाँ तक कि फन्दा जी ने उनकी मुलाक़ात रामनाथ से करवा दी और होनहार बिरवा के चिकने-चिकने पातवाली कहावत पंचारण मिश्र की समझ में आई और उन्होंने उसी वक़्त, पहली ही मुलाक़ात के बाद, यह तय कर लिया कि अब तक वह बम्बई में रामनाथ ही की राह देख रहे थे... तो उन्होंने गुर की तमाम बातें उसे बतला दीं। और एक अच्छे शिष्य की तरह रामनाथ उसके कहे पर चलने भी लगा।

मनचन्दानी की तरफ़ देखकर वह यूँ हँसा कि मनचन्दानी झेंप गया।

'बात यह है कि,' रामनाथ ने कहना शुरू किया, 'पहले तो लेखक, मतलब राइटर, यह सोचता है कि कहानी ट्रेजिडी हो कि हैपी-एंडिंगवाली।

फिर यह सोचता है कि हीरो मजदूर है कि डॉक्टर कि डाकू। यह तय हो जाने के बाद तो फिर काम आसान-ही-आसान रह जाता है...'

मनचन्दानी ने यूँ गर्दन हिलाई जैसे कि बात उनकी समझ में पूरी तरह आ गई हो, जबकि बात उनकी समझ में बिलकुल नहीं आई थी। पर यही सवाल तीसरी बार पूछने की हिम्मत न पड़ी तो वह यह सोचने लगा कि सिगरेट जल्द-से-जल्द ख़त्म कर ली जाए तो 555 की एक सिगरेट और सुलगाई जा सकती है।

पर रामनाथ उनकी नीयत भाँप गया और उसने सिगरेट की डिबिया जेब में रख ली और झल्लाकर जब मनचन्दानी ने दूसरा सवाल करने के लिए रुख़ सीधा किया, पर ठीक उसी वक़्त भोलानाथ 'खटक' आ गए और रमा ने कहा :

'बड़े मज़े दी गल सुनो जी...।'

पहले तो भोलानाथ को 'मज़े दी गल' पर यक़ीन नहीं आया क्योंकि सामने बैठा हुआ आदमी साफ पीटर था। पर स्क्रीन में उसका फ़ोटो देखकर वह भी चकरा गए और उन्हें मानना पड़ा कि ज़िन्दगी भी राम और श्याम हो सकती है—चाहे उसमें दिलीप कुमार ऐक्टिंग करें या न करें।

भोलानाथ खटक, बिला वजह, अपने-आपको फ़िल्मों पर सनद मानते थे। फ़िल्मों से उनका कोई जायज़ या नाजायज़ तअल्लुक़ नहीं था परन्तु उनके बड़े भाई, शोभानाथ चोपड़ा, की शादी फ़िल्म स्टार रजनीबाला की सौतेली बहन से भी हो चुकी थी और इस नाते हिन्दी फ़िल्म-जगत से वह अपना समधियाना सम्बन्ध मानते थे और फ़िल्मों के बारे में यूँ बात करते थे मानो हिन्दी की तमाम फ़िल्में उन्होंने बनाई हैं!

तो भोलानाथ खटक ने मुस्कुराकर रामनाथ की तरफ़ देखा।

रामनाथ भी मुस्कुराया। हालाँकि वह दिल-ही-दिल में उन्हें माँ-बहन की गालियाँ दे रहा था, क्योंकि रामनाथ के लेखक हो जाने से क्या वह

यह भी भूल सकता था, यह हरामी मिढा के साथ लिज़ा से छूल-छुलैयाँ खेलने की टिप्पस में था?

चूँकि हर आदमी की तरह भोलानाथ भी यही मानते थे कि उनसे अच्छा कथाकार तो आज तक जनमा ही नहीं, इसलिए रामनाथ से मिलते ही उनके दिमाग़ में कहानियों के केंचुए रेंगने लगे और वह फ्लैश फ़ार्वर्ड में चले गए :

उनकी कहानियाँ डेढ़-डेढ़ दो-दो लाख, डेढ़-दो लाख ही क्यों, सात-सात आठ-आठ लाख में बिक रही हैं। ठीक सागरतट पर दस बेडरूमवाला उनका बँगला है, एक पत्नी, तीन माशूकाएँ, आठ नौकर, दो नौकरानियाँ, चार कारें...।

और यूँ रामनाथ से भोलानाथ 'खटक' की दोस्ती हो गई। बात यह है कि भोलानाथ इसके बहुत कायल थे कि नीचे के लोगों से मिलने-जुलने में ख़राबी होती है। वह अपनी गिनती बुद्धिजीवियों में किया करते थे और उन्होंने दिल-ही-दिल में, उसी वक़्त यह तय कर लिया कि रामनाथ से उनकी गाढ़ी होगी और उसे उल्लू बनाकर वह अपनी कहानियों के स्क्रिप्ट बनवा लेंगे और चैन की बंसी बजाएँगे—वहीदा रहमान से मिलने का मौक़ा भी मिल जाएगा।

रमा को यह बात बिलकुल नहीं मालूम थी कि भोलानाथ चुपके-चुपके वहीदा रहमान से इश्क़ करते हैं। वह रमा से, वहीदा का नाम लिये बिना, वहीदा-जैसे बाल बनवाते। उसे वहीदा-जैसे कपड़े पहनाने की कोशिश करते। महीने में एक आध बार उसके साथ सोते तो दिल-ही-दिल में रमा को वहीदा मान लेते और ख़ुद गुरुदत्त बन जाते। उन्हें यक़ीन था कि वहीदा गुरुदत्त से फँसी हुई थी और वह यह बात यार-दोस्तों को यूँ बताते थे, जैसे—खास गुरुदत्त से पूछ आए हैं।

सीन : 75

...तो रामनाथ की मदद से उनकी कोई कहानी बिक भी सकती थी और वह यह शर्त लगा देने पर ठन गए कि वहीदा हीरोइन होगी तो कहानी मिलेगी। उन्होंने उस फ़िल्म के लिए अपनी एक कहानी भी चुन ली। अरे, वही वाली जिसमें विलेन हीरोइन को रेप करने में सफल हो जाता है और हीरोइन गर्भवती हो जाती है और उसे बदनामी से बचाने के लिए हीरो उससे शादी कर लेता है और दोनों चैन से रहने लगते हैं—इस विलेन का रोल करने पर भी वह तैयार थे—इस ख़याल ही से ख़ून कनपटियों की तरफ़ खिंचने लगा और वह टाँग-पर-टाँग चढ़ाकर बैठ गए।

भोलानाथ की एक टाँग ज़्यादातर दूसरी टाँग पर चढ़ी रहा करती थी और इसीलिए वह समझते थे कि रमा को देखनेवाले भी टाँग-पर-टाँग चढ़ा लेते हैं और यह ख़याल उनसे झेला न जाता। मियाँ-बीवी में झगड़ा होते। रमा आत्महत्या की धमकी देती, पर आत्महत्या करने की जगह वह रक्षाबन्धन के दिन उस आदमी को राखी बाँध देती और खटक जी इत्मीनान की साँस लेते। यहाँ तक कि वह फिर रमा को किसी के साथ मुस्कुराकर बातें करते देख लेते। देख लेते और महाभारत शुरू हो जाती।

रमा बड़ी सीधी-सादी थी। उसे तो अभी तक यह पता नहीं चला था कि सरला हर वक़्त उससे चिपटी क्यों पड़ती है। कभी-कभी तो उसे बुरा भी लगता, पर वह यह सोचकर टाल जाती कि सरला से बहुत सारे काम निकलते रहते हैं। पैसों से अलग सबसे बड़ा फ़ायदा तो यही था कि सरला के साथ वह ऐसे घरों में आने-जाने लगी जहाँ सरला के बिना जाने का वह ख़्वाब भी नहीं देख सकती थी।...सरला का चक्कर तो उसे काफ़ी दिनों के बाद मालूम हुआ। और उसे कॉलेज के दिन याद आ गए और उसने डर के मारे सरला से मिलना-जुलना बिलकुल बन्द कर दिया। और भोलानाथ खटक ने जभी से उसे सरला का ताना देना शुरू कर दिया।

अली अमजद नम्बर दो में था और खटक जी नम्बर एक में।

ख़ैर, यह कहना तो ठीक नहीं कि नम्बर एक में भोलानाथ रहते थे। नम्बर एक में वह कम रहते थे और उनका टेलीफ़ोन ज़्यादा रहता था। वह तो इस टेलीफ़ोन के ख़ज़ाने की रखवाली करनेवाले साँप थे। क़द और टेलीफ़ोन के सिवा उनमें और कोई बड़ाई नहीं थी। पर इन्हीं दोनों बड़ाइयों के आधार पर वह अपने-आपको 'देवनिवास हाउसिंग सोसायटी लिमिटेड' के तमाम देव-निवासियों से बड़ा समझा करते थे।

एक ग़ज़ब यह भी हो गया कि उनकी बड़ाई का करेला राजा सतना की दोस्ती की नीम पर भी चढ़ गया था। सोसायटी का कोई आदमी हाथ में गंगाजल या कुरआन लेकर तो यह कह नहीं सकता था कि वह इस दोस्ती के बारे में कुछ जानता है। पर भोलानाथ 'खटक' हर दूसरे या तीसरे कोई-न-कोई मौक़ा निकालकर राजा साहब सतना की बात ज़रूर निकालते—यहाँ तक कि यह दोस्ती देव-निवासियों को ज़बानी याद हो गई थी।

हाँ, रमा कभी खुल के इस दोस्ती की बात नहीं करती थी। पर कभी-कभार इशारा-सा ज़रूर कर जाती थी कि जो सतना की राजकुमारी नाथ पर लहालोट न हो गई होती तो शायद यह दोस्ती कभी ख़त्म न हुई होती। और यह सुनकर खटक जी घबराने और शरमाने की वह ऐक्टिंग करते कि बड़े-बड़े दिलीप कुमार मात। कहते, 'रमा तुमसे कितनी बार कहूँ कि ऐसी बातें न किया करो? लोग सच समझ बैठते हैं...'

इस तरह की कोई बात भोलानाथ पंजाबी में कभी न कहते, या तो हिन्दी में कहते या अंग्रेज़ी में कि कोई पूरी बात समझने से रह न जाए। वह लोगों को इस तरकीब से यक़ीन दिलाना चाहते थे कि राजकुमारी सतना से वह इश्क़ लड़ा चुके हैं। ऐसे मौक़ों पर हिन्दी भी वह कम ही बोलते थे। उनका ख़याल था कि हिन्दुस्तान के तमाम पढ़े-लिखे लोगों की मातृभाषा अंग्रेज़ी ही है।

सीन : 75

इन तमाम तरक़ीबों के बाद भी सोसायटी में किसी को इस प्रेम-कहानी पर यक़ीन नहीं था। परन्तु इसी कहानी में भोलानाथ की 'इगो' का खाना-पानी चलता था और टेलीफ़ोन की ज़रूरत से मजबूर होकर लोगों को यह कहानी बार-बार सुननी पड़ती थी। क़िस्सा यह भी तो था कि भोलानाथ अपने-आपको हसीनों में गिना करते थे। रमा भी ज़्यादातर उनके इस ख़याल से सहमत ही रहा करती थी। उसके लिए वारिसशाह की हीर और सरसों के साग के बाद दिल से पेट तक उतर जानेवाली कोई और चीज़ थी तो खटक जी थे।

भोलानाथ और रमा के सिवा इस परिवार में एक बेटी थी और दो बेटे थे। मीता पहलौठी की औलाद थी और जलन्धर में ब्याही हुई थी। उसका पति पुरानी कारों का कारोबार करता था, पर भोलानाथ और रमा ने सोसायटीवालों को यक़ीन दिला रखा था कि मिश्रीलाल, यानी मीता का पति, जल्द ही कारों की एक फैक्टरी डालनेवाला है। और उनकी कम्पनी में बनी हुई कार संजय गांधी की मारुति कार से हज़ार गुनी अच्छी होगी जभी तो इन्दिरा गांधी रोज कोई-न-कोई अड़चल खड़ी कर देती है।

मारुति पर इतना ज़ोर इसलिए कि भोलानाथ के ख़याल में इन्दिरा-विरोध लगभग फ़ैशन है और वह थे आदमी शौक़ीन। उनमें राजनीति की समझ बिलकुल नहीं थी। वह 'टाइम्स ऑफ़ इंडिया' रोज पढ़ते थे और यदि शाम को कोई फँस जाता तो 'शिवास रीगल' की बोतल से 'ब्लैक नाइट' या 'डिप्लोमेट' उड़ेल-उड़ेलकर अकेले पीते और सामनेवाले को राजनीति समझा-समझाकर अधमुआ कर देते। बोलते इस यक़ीन से मानो निक्सन और ब्रेजिनेव के साथ खेले हुए हैं और चु-एन-लाई लँगोटिया यार है। इलसन-विलसन, इगाल-डिगाल, अआदत-सआदत और इटो-टिटो को तो वह किसी खेत की मूली ही नहीं समझते थे। और दिल्ली सरकार की पॉलिसियों के बारे में तो वह यूँ बात करते, जैसे श्रीमती गांधी का तो बस नाम हो गया है, सरकार की सारी पॉलिसियाँ तो यह बनाते हैं।

रमा हाँ में हाँ मिलाती और दोनों बेटे पास बैठे गर्दन हिलाते रहते। बस, मीता ज़रा मुँहफट थी। भोलानाथ की उड़ान से बोर होती तो टोक देती। यही कारण था कि खटक जी, दिल-ही-दिल में मीता से जला करते थे। यह बात भी ख़ुद रमा ने मिसेज़ वर्मा को बताई थी।

बात यह है कि जिस दिन रमा भोलानाथ से रूठती, उस दिन वह बिल्डिंग की किसी-न-किसी औरत के कान के कीड़े ज़रूर झाड़ती। और भोलानाथ से वह हर दूसरे-तीसरे दिन ख़फ़ा होती ही रहती थी।

दरअसल उसे भोलानाथ की जेब से रुपए निकाल लेने का बड़ा शौक़ था। जब मौक़ा मिलता, वह भोलानाथ की जेबों की धूल झाड़ देती। उसने मीता को भी यही सिखाने की कोशिश की, पर वह बड़ी कम-अक़्ल निकली। उसने माँ की बात नहीं मानी, पर रमा अपने काम से लगी रही। ज़्यादातर तो भोलानाथ को पता न चलता, क्योंकि रमा बड़ी चालाकी से पचीस रुपए हों तो चार रुपए और चालीस रुपए सत्तर पैसे हों तो सात रुपए तीस पैसे निकाल लिया करती थी।

भोलानाथ ज़िक्र निकालते तो रमा उनका मज़ाक़ उड़ाने लगती कि यह कैसी चोरी है? कोई चुराएगा तो ज़्यादा रक़म छोड़ क्यों देगा? भोलानाथ जानते थे कि चोरी तो हुई है, पर रमा की इस बात का उनके पास कोई जवाब नहीं होता था। इसलिए वह ख़ून या व्हिस्की के घूँट पीकर चुप हो जाया करते थे। पर ताक में रहते। रमा को ग़च्चा देने के लिए वह जेब के पैसे गिनकर डायरी में लिख लेते कि आज जेब में कितने पैसे हैं।

और उस दिन रमा की शामत आ जाती। रात-भर रमा और भोलानाथ में गाली-गलौज होती रहती। भोलानाथ अंग्रेज़ी और हिन्दी में गाली देते, पर रमा को अपनी क़ाबिलीयत की धौंस जमाने का कोई ख़ास शौक़ नहीं था इसलिए वह पंजाबी बोलती रहती, पर जवाब तुर्की-ब-तुर्की देती...। नतीजे में अली अख़्तर के छोटे बेटे को बहुत-सी पंजाबी गालियाँ याद

हो गई थीं और कभी-कभार वह मज़े में आकर बाप के गले में बाँहें डालकर उसे 'हरामी दा पुत्तर' कहता तो अली अख़्तर घबरा जाता और सीमा से कहता कि 'भई, यह क्या हो रहा है? वस्सू को गालियाँ ही सिखलानी हैं तो क़ायदे की गालियाँ सिखलाओ। यह हरामी दा पुत्तर तो बहुत ही बेसुरी गाली है', लेकिन ज़ाहिर है कि अख़्तर मियाँ-बीवी कर ही क्या सकते थे!

अख़्तर ने एक दिन इशारा करने के लिए भोलानाथ को एक लतीफ़ा सुनाया।

कहते हैं कि फ़िराक़ गोरखपुरी बम्बई आए तो फ़िल्मी धुरन्धरों ने उन्हें एक पार्टी दी। यह अजीब इत्तिफ़ाक़ है कि हिन्दी फ़िल्म के सारे धुरन्धर या तो पंजाबी हैं या बंगाली हैं। बंगालियों को तो फ़िराक़ गोरखपुरी में कोई दिलचस्पी नहीं। तो बड़े पंजाबी स्टार जमा थे। बी.आर. चोपड़ा, दिलीप कुमार, विनोद खन्ना, शम्मी कपूर...। फ़िराक़ साहब अकेले पड़ गए। ये लोग एक-दूसरे से पंजाबी में बात करने लगे और फ़िराक़ साहब आँखें नचा-नचाकर थोड़ी देर तक तो यह सब झेलते रहे, फिर दिलीप कुमार से बोले, 'अमें यूसुफ़, सोचता हूँ कि पंजाबी सीख ही डालूँ।' तो यूसुफ़ साहब ने बड़ी संजीदगी से कहा, 'नहीं फ़िराक़ साहब, आपको पंजाबी सीखने की क्या ज़रूरत है!' इस पर फ़िराक़ साहब ने कहा, 'भई, बूढ़ा हुआ, मरने की उम्र आई। सारी ज़िन्दगी गुनाहों में गुज़री है। ज़ाहिर है जहन्नुम में जाना पड़ेगा। वहाँ की ऑफ़िशियल लैंग्वेज सीख लूँ तो काम ही आएगी।'

यह लतीफ़ा सुनकर भोलानाथ ने दिल खोलकर क़हक़हा लगाया और अमजद की डिबिया से सिगरेट निकालकर उसे अपनी दियासलाई से जलाने में मशग़ूल हो गए। और अमजद अपनी और अपनी सिगरेट की डिबिया की जान बचाकर अपने फ़्लैट में भाग आया और हरीश से बोला, 'यार, यह खटक तो अजीब चीज़ है।'

हरीश ने कहा, 'मैं तो कहता हूँ, कोई और घर ढूँढ़ो।'

अमजद ने कहा, 'कहाँ ढूँढ़ूँ? यही फ़्लैट मुश्किल से मिला है।'

और यह बात उसने ठीक ही कही थी। यह फ़्लैट उसे बड़ी मुश्किल से मिला था।

बात यह है कि बम्बई और मकान, ये दो अलग-अलग चीज़ें हैं। यह तो पता नहीं कि बम्बई में ढूँढ़े से भगवान मिलता है या नहीं, परन्तु मकान हरगिज़ नहीं मिलता। कारण शायद यह है कि फ़्लैट दुबई या अबू धाबी से स्मगल नहीं किए जा सकते। और उलहासनगर में नक़ली मकान बनानेवाली कोई फ़ैक्टरी नहीं खुली है।

मतलब यह कि अली अख़्तर जैसे मध्यवर्ग के मुसलमानों के लिए बम्बई में घर मिलना अल्लाह ही के मिलने जितना मुश्किल है। भगवान, कम-से-कम, सिन्धी और उत्तर प्रदेशी में तो फ़र्क़ नहीं कर सकता, पर बम्बई के मालिक-मकान यह नाज़ुक फ़र्क़ भी कर लेते हैं। बम्बई के क़ब्रिस्तान भी मालिक-मकानों से पीछे नहीं हैं। वह भी सुन्नी-शिया, हनफ़ी-वहाबी, शिया-शिया ख़ोजा में फ़र्क़ कर लेते हैं। बम्बई में आसानी से न घर मिलता है, न क़ब्र मिलती है। अली अमजद को क़ब्र का अनुभव तो नहीं था, पर वह बम्बई में घर ढूँढ़ चुका था।

वैसे तो अली अमजद अच्छा आदमी था, पर मकान के सिलसिले में देखा जाए तो उसमें कई ख़राबियाँ थीं। पहली ख़राबी यह कि वह मुसलमान था। दूसरी ख़राबी यह कि फ़िल्मों में था। तीसरी ख़राबी यह कि वह ख़ोजा या कैथलिक या सिन्धी नहीं था। पर उसे घर की ज़रूरत थी। इसलिए उसने तोलाराम दलाल का पिंड नहीं छोड़ा।

'आइए अमज़द जी,' तोलाराम ने खीसें निकालकर कहा और 'ज' पर बिन्दी लगाना नहीं भूले!

सीन : 75

'मैं तो रोज़ ही आता हूँ साहब।' अमजद ने कहा।

तोलाराम हँस पड़ा। बोला, 'आप तो डायलॉग मार दिया।' यह कहकर वह अपनी जाँघें खुजलाने लगा और अपनी टाइपिस्ट को देखने लगा।

खुजलाते वक़्त वह आम तौर से टाइपिस्ट की तरफ़ देखने लगता था क्योंकि उसके ख़याल में लड़की की तरफ़ देखने से खुजलाने का मज़ा बढ़ जाता है। खुजली के दस-बीस हाथ चलाने के बाद बोला, 'कल वाइफ बोली, अमजद भाई को वह अपनावाला इशटोरी सुना डालो। साला बहुत फर्स्ट-क्लास सब्जेक्ट है। तीन तो साला रेप सीन ठोंक दिया है। पहला सीन रेप साले हीरो की सिस्टर का होता है...'

'पहले घर की बात करो तोलाराम जी!'

"अरे, घर तो समझो कि मिल गया अमज़द भाई! तुम ख़ाली बिगिनिंग का सीन सुन लो। साम का टाइम है। टाइटिल खतम...'

'फ़्लैट है कहाँ?' उसने सवाल किया।

'एहीं। बैण्ड्रा में। हीरोइन बिकिनी पहने, सायरा बानो समझो ना। क्या टाँगें हैं साली की।...'

वह टाइपिस्ट को देखकर अपनी जाँघ खुजलाने लगा और अली अमजद ने अपना सवाल खोंस दिया, 'एरिया क्या है उस फ़्लैट का?'

'आठ सौ फ़ीट।'

खुजली ख़त्म हो गई तो तोलाराम आगे बढ़ा, 'हीरोइन को जो वेटर ने ऐसे देखा तो साले की हकलाहट और बढ़ गई। समझो कि वी. गोपाल हुवा वेटर। साले की सकल देखकर हँसी आती है...'

'डिपॉज़िट क्या लेगा?'

'वही तीन महीने का भाड़ा। वाइफ बोली कि अमजद भाई को बोलो कि इशटोरी अपना नाम से बेच दें। वह तो साली तुम्हारी फैन हो गई है। फिफ्टी-फिफ्टी कर लेंगे।'

'चलके ज़रा वह फ़्लैट देख लिया जाए।'

सीन : 75

'पर लैंडलॉर्ड से ये मत बोलना कि तुम फिलिम राइटर हो।' तोलाराम ने उठते हुए कहा, 'साला लोग फिलिमवाला को घर नहीं देता। साला लोग बोलता है कि फिलिमवाला लोग के रहने से बहू-बेटी लोग का साला इज्जत खतरे में पड़ता है। जइसे जो बिल्डिंग में फिलिमवाला लोग नहीं रहता, ऊ बिल्डिंग में बहू-बेटी लोग की इज्जत का अचार पड़ता है! अरे, साला सब बंकस है अमजद भाई! अइसी बहू-बेटी का बहुत इशटोरी है मेरे पास। अरे, अख्तर भाई, हम तो इ बोलता है कि अमजद-तोलाराम टीम बना के सलीम-जावेद की छुट्टी कर दी जाए।'

'अमजद-तोला टीम से कहीं अच्छी तो तोला-माशा टीम होगी।' अली अमजद ने कहा।

तोलाराम ज़ोर से हँसा। उसकी टाइपिस्ट उसकी तरफ़ देखकर मुस्कुरा दी। तोलाराम ने उसे आँख मार दी। बोला, 'मिस फ़र्नांडिस की तकदीर भी बन जाएगी, हम लोग की टीम बन जाने से। साली रेप सीन को बहुत मज़ा लेकर टाइप करेगी...'

'आह, यू आर इम्पासिबिल!' मिस फ़र्नांडिस ने हँसकर कहा।

तोलाराम फिर हँसने लगा, 'क्या नाम बताया था? तोलाराम-मासाराम...'

उसकी हँसी की आवाज़ का सामने पड़ी हुई हिल रोड पर कोई असर टाइपिस्ट पर नहीं हुआ क्योंकि वह घर जाने की जल्दी में थी।

सामनेवाले बस-स्टॉप पर एक मोटी ख़ोजन झुकी हुई अपनी पिंडली खुजला रही थी और उसके पीछे एक नारियलवाला बैठा नारियल की जटाएँ छील रहा था। एक बड़ी ख़ूबसूरत-सी लड़की, मिनी फ्रॉक पहने, तोलाराम के ग्राउंड फ़्लोरवाले ऑफ़िस के सामने से गुज़र गई। मोटी ख़ोजन पिंडली खुजाते-खुजाते सीधी होकर अपना पेट खुजाने लगी...।

'चलो अमजद भाई।' तोलाराम की आवाज़ आई और अमजद ने सड़क से निगाहें हटाकर उसकी तरफ़ देखा।

सीन : 75

'चलिए।'

'मिस फर्नांडिस,' तोलाराम ने कहा, 'ऑफिस में ताला मार के चाबी वाइफ को दे देना। चलो अमजद भाई...'

तोलाराम और अली अमजद सड़क पर आ गए। अमजद साइड कार में बैठ गया। तोलाराम मोटरसाइकिल स्टार्ट करने लगा।

'लैंडलॉर्ड कौन है?'

'सिन्धी।' तोलाराम ने कहा।

मोटरसाइकिल स्टार्ट हो गई और उसके शोर में उसकी बाक़ी बात गुम हो गई।

लैंडलॉर्ड मोतवानी चिम्बुई की पतली-सी भीड़-भड़क्के वाली गली में रहता था। कुलाबे में उसकी किताबों की दुकान थी और वह केवल अंग्रेज़ी किताबें बेचता था। अंग्रेज़ी सिगरेट पीता था। तीन बेटियों का बाप था। पाली हिल की 'सूर्यदर्शन हाउसिंग सोसायटी' में उसके दो फ़्लैट थे। वे दोनों फ़्लैट किंराए पर चल रहे थे और ख़ुद वह किराये के घर में रह रहा था। पाली हिलवाले दोनों फ़्लैटों का किराया छब्बीस सौ पचास रुपए आता था और ख़ुद वह अपने बाईस सौ फ़ीट के फ़्लैट का सत्तानवे रुपए किराया देता था। यानी दो हज़ार पाँच सौ तिरपन रुपए महीने की बचत होती थी। असल चीज़ बचत है। और इसलिए मोतवानी अपने तीसरे फ़्लैट के होनेवाले किरायेदार से मुस्कुराकर मिला।

'क्या पीजिएगा?'

'जी, शुक्रिया।' अली अमजद ने कहा।

'किन पेपर्स में लिखते हैं आप?'

'धरमयुग,' तोलाराम बोला, 'सारिका, साप्ताहिक हिन्दुस्तान। आप तो बस लिये जाव मैगज़ीनों के नाम। सबमें लिखते हैं।'

'अच्छा-अच्छा,' मोतवानी ने कहा, 'तोलाराम ने आपको जर्नलिस्ट बताया था...'

'जी नहीं,' अली अमजद ने बात काटी, 'मैं जर्नलिस्ट नहीं, पत्रकार हूँ!'

इस बीच में तोलाराम ने हाथ बढ़ाकर मोतवानी के सामने से 'डनहिल' सिगरेट की डिबिया उठा ली। बोला, 'तुम कुछ कहो अमज़द भाई, पर ब्रिटिस सिगरेटों का जवाब नहीं है।'

'मेरे नाम में 'ज' के नीचे बिन्दी नहीं है।'

तोलाराम हँस दिया। 'आप भी लो।' उसने डिबिया अली अमजद की तरफ़ बढ़ाई।

'ना भाई। मैं अपनी सिगरेट पियूँगा।' अली अमजद ने चारमीनार की डिबिया निकाली।

'आपका नाम मैंने किसी फ़िल्म मैगज़ीन में भी देखा था शायद।' मोतवानी बोला।

'अरे तो इसमें इनका क्या दोस?' तोलाराम ने मोतवानी को दौड़ा लिया।

वह जानता था कि जो फ़िल्म की बात आगे बढ़ी तो उसका दो प्रतिशत कमीशन ख़तरे में पड़ जाएगा। और उसे यह भी मालूम था कि किताबों का कारोबार करने के बावजूद मोतवानी पढ़ा-लिखा आदमी नहीं था। इसलिए उसने एक टुकड़ा भी लगा दिया, 'हो सकता है कि भाबी जी से नाम पढ़ने में गलती हो गई हो।'

'कम्पनी लीज़ पर दे सकता हूँ।' मोतवानी ने कहा।

'मैं फ्री-लान्सर हूँ!' अली अमजद ने कहा।

'नहीं साब,' मोतवानी ने गर्दन हिलाई, 'एक बार लीव-एंड-लाइसेंस में फँस चुका हूँ।' फिर उसने तोलाराम की तरफ़ देखना शुरू किया, 'तुम्हीं तो बोला था कि फिलिमवालों और मुसलमानों के साथ धन्धा नहीं करना चाहिए।'

अली अमजद के बदन का सारा ख़ून खिंचकर उसके चेहरे पर आ गया।

सीन : 75

'पर वह किरायेदार तो पंजाबी हिन्दू था।' तोलाराम ने मोतवानी को दिल-ही-दिल में माँ-बहन की गाली देते हुए कहा, 'यह तो नेसलिस्ट मुसलमान हैं।'

'बात यह है भाई साब,' मोतवानी ने सूखे मुँह से अली अमजद से कहा, 'सुसायटी की तरफ़ से किसी नान-सिन्धी को फ्लैट देने की परमिशन नहीं है।'

'मैं मुसलमान भी हूँ मोतवानी साहब, और फ़िल्मों में भी काम करता हूँ।' अमजद ने कहा।

उसने यह कहना ज़रूरी जाना। वह कोई मज़हबी आदमी नहीं था। अल्लाह को बाक़ायदा नहीं मानता था। नमाज़ नहीं पढ़ता था। रोज़े नहीं रखता था। मुसलिम लीग और जमाअते-इसलामी जैसी संस्थाओं का कट्टर विरोधी था।...पर इस बात पर शर्मिन्दा भी नहीं था कि उसने एक मुसलमान घराने में जन्म लिया है। वह अपने हिन्दुस्तान में अपना नाम छिपाकर अपनी और अपने हिन्दुस्तान की तौहीन नहीं करना चाहता था।

तोलाराम ने रास्ते में कहा था कि फ़्लैट किसी और नाम पर लेंगे। पर ज़िन्दगी तोलाराम के दो प्रतिशत कमीशन से कहीं ज़्यादा क़ीमती चीज़ है। आदर्श नाम बदलकर नहीं जिया करता...।

अली अमजद ने तोलाराम की तरफ़ देखा।

तोलाराम सामनेवाली दीवार पर टँगे हुए कैलेंडर की तरफ़ देख रहा था। कैलेंडर था किसी दन्तमंजन का और कैलेंडर पर सायरा बानो की एक तसवीर थी। तसवीर, जिसमें कपड़ा कम था और बदन ज़्यादा।...तोलाराम तसवीर के बाक़ी कपड़े उतारने की कोशिश कर रहा था और धीरे-धीरे अपनी जाँघ खुजलाने में लगा हुआ था।

अमजद को अपनी तरफ़ देखता पाकर उसने उसकी तरफ़ झुककर धीरे से पूछा, 'अमज़द भाई, ये साली दाँत में टूथब्रस करती है क्या?' ...फिर वह ख़ुद ही हँसने भी लगा।

सीन : 75

मोतवानी होंठों पर बड़ी नेशनल-इंटिग्रेशन-छाप मुस्कुराहट चिपकाए इस इन्तज़ार में बैठे थे कि अमजद उनकी तरफ़ देखे तो वह अपनी बात कहें। जब उसने उनकी तरफ़ देखा तो वह बोले, 'आपके धर्म से मुझे क्या लेना-देना अमजद जी, पर सुसायटी के ऑर्डर से मजबूर हूँ।' मोतवानी ने भी 'ज' पर बिन्दी मार दी, 'जो आप सिन्धी होते तो यह फ़्लैट आप ही को देता।'

'पर मैं सिन्धी होता क्यों?' अमजद ने पूछा।

मोतवानी साहब हँसने लगे मानो अमजद ने मज़ाक़ किया हो।

'मोतवानी साहब,' अमजद ने कहा, 'मुझे फ़्लैट की सख़्त ज़रूरत है। आप कहते, हिन्दू हो जाओ तो मैं हिन्दू हो गया होता पर सिन्धी हो जाना मेरे बस की बात नहीं है।' अपने मुँह की कड़वाहट से अली अमजद का दम घुटने लगा। वह खड़ा हो गया, 'चलिए तोलाराम जी...'

और तोलाराम के चलने का इन्तज़ार किए बिना वह बाहर चला गया।

चिम्बुई की गली में रात टहल रही थी। समुद्र की तरफ़ से आनेवाली हवा ठंडी थी। बनिये की दुकान पर मिट्टी का तेल लेनेवालों की भीड़ थी। सामनेवाली दीवार पर मनोज कुमार की फ़िल्म 'शोर' का पोस्टर लगा हुआ था। और उस पोस्टर से सटा हुआ श्रीमती इन्दिरा गांधी की तसवीर वाला बड़ा पोस्टर था। इन्दिरा जी मुस्कुरा रही थीं और बम्बई कांग्रेस कमेटी जनता को चौपाटी आकर प्रधानमंत्री का भाषण सुनने की दावत दे रही थी।

इन्दिरा जी के मोतियों की तरह चमकते हुए दाँत देखकर अली अमजद को मोतवानी की दीवार पर टँगा हुआ दंत-मंजनवाला कैलेंडर याद आ गया जिसमें दाँतों की जगह टाँगों पर जोर था।

सीन : 75

'तुम फिकर तो करो मत अमज़द भाई,' तोलाराम आ गया, 'तोलाराम की ज़िन्दगी में तुम बे-घर नहीं रह सकते। वाइफ आज ही बोली थी कि अमज़द भाई साब के साथ टीम बनानी है तो पहले घर दिलवाव उनको। अरे, तुम देखना अमज़द भाई, अब हम तुमको कोई सिन्धी ही का फ़्लैट दिलवाएँगे।'

तोलाराम ने अपना वादा पूरा किया।

यह फ़्लैट भी एक सिन्धी ही का था—छत्ताराम मनचन्दानी।

अली अमजद ने उन्हें पहली ही मुलाक़ात में बता दिया कि वह मुसलमान भी है और फ़िल्म-लेखक भी। पता नहीं, यह सुनने के बाद मनचन्दानी उसे फ़्लैट देता है कि नहीं, पर श्रीमती साधना मनचन्दानी ने बीच ही में बात रोक ली, 'भाई साब, आप मुझे राजेश खन्ना और धर्मेन्द्र से मिला देंगे।'

'क्यों नहीं? ज़रूर!' उसने कहा।

'क्या धर्मेन्द्र और सायरा बानो का वाक़ई कोई चक्कर चल रहा है?' साधना मनचन्दानी ने पूछा।

और अली अमजद साधना के 'वाक़ई' के 'क' की बिन्दी पर हैरान रह गया। पता चला कि वह ख़्वाजा अहमद अब्बास की हीरोइन रह चुकी है और उन्होंने उसका शीन-क़ाफ़ ठीक करवाने में पूरा एक साल लगाया था। बाद में वह फ़िल्म बनी तो पर रिलीज़ न हो सकी क्योंकि उसमें न कोई रेप-सीन था, न हीरो और शेट्टी की कोई लड़ाई ही थी। पद्मा खन्ना का कोई कैब्रे-आइटम तक नहीं था।

...पर साधना मनचन्दानी अपनी गिनती हीरोइनों में करती थी और फ़िल्मों के बारे में यूँ बात करती थी जैसे फ़िल्मों में यह उसकी तीसरी पीढ़ी है! जब कोई फ़िल्मी स्कैंडल सुनती तो एक लम्बी साँस लेती कि जो उसकी फ़िल्म रिलीज़ हो गई होती तो अब तक उसके बारे में भी न जाने कितने स्कैंडल्स बन चुके होते।

सीन : 75

पंचारण मिश्र उसके पी.आर.ओ. रह चुके थे। उन्होंने कहा कि यदि वह स्टार बनना चाहती है तो नम्बर एक यह कि अपनी शादी की ख़बर छिपाए और नम्बर दो कि किसी मशहूर हीरो के साथ और कुछ न कर सके तो बदनाम तो हो ही जाए।

धर्मेन्द्र और राजेश खन्ना दोनों ही बहुत बिज़ी थे, इसलिए पंचारण मिश्र के ख़याल में इन दोनों में से किसी के साथ बदनाम होने में कोई मज़ा नहीं था। उन्होंने चिंटू कपूर को चुना पर मनचन्दानी तैयार न हुआ और यूँ साधना स्टार बनते-बनते रह गई।

उसी दिन से मनचन्दानी की तरफ़ से उसके दिल में बाल भी पड़ गया। एक तरह से मनचन्दानी के साथ ब्याह करके वह पछता रही थी। वह कंस्ट्रक्शन के काम में था और फ़िल्मवालों से उसका कोई तअल्लुक़ ही नहीं था।

इसलिए शादी के ठीक साढ़े चार साल बाद जब अली अमजद के रूप में उसे पहली फ़िल्मी आदमी मिला तो उसके पुराने घाव हरे हो गए। और वह अली अमजद से यूँ बातें करने लगी, जैसे वह उनके पीहर का हो! क्या राजकुमार वाक़ई गंजा है? क्या देव साहब फ़ेस लिफ़्ट करवाते हैं? क्या कमाल अमरोही ने सचमुच तीसरी शादी कर ली है? क्या रेखा देखने में बत्तीस-तैंतीस की नहीं लगती? शर्मिला और नवाब पटौदी की शादी कितने दिन चलेगी? क्या गुलज़ार मीनाकुमारी को भूलने के लिए राखी पर आशिक़ होने की सोच रहा है?...सवाल, सवाल और सवाल।

मनचन्दानी को यक़ीन हो गया कि देव-निवासवाला फ़्लैट अली अमजद को देना ही पड़ेगा। तो उसने चुपके से पचास रुपया किराया बढ़ा दिया और तोलाराम ने इस पर कोई एतराज न किया क्योंकि किराया बढ़ने से उसका कमीशन भी बढ़ रहा था।

'पर एक बात का ख़याल रखिएगा।' बातें तय हो जाने के बाद मनचन्दानी ने कहा, 'नम्बर एक में भोलानाथ खटक रहते हैं, मिलने लायक़ नहीं हैं।'

सीन : 75

'नम्बर एक में रहते हैं तो साहब-सलामत रखनी ही पड़ेगी।' अली अमजद ने कहा।

'रमा से बचिएगा।' साधना ने कहा, 'बड़ी शिकारी औरत है।'

'रमा यानी मिसेज़ भोलानाथ।' मनचन्दानी ने कहा, 'मैंने तो राखी बँधवाकर जान बचाई।' मनचन्दानी हँसने लगा। मिसेज़ मनचन्दानी हँसने लगीं। तोलाराम दलाल हँसने लगा। अली अमजद नहीं हँसा क्योंकि उसकी समझ में नहीं आया कि इसमें हँसने की क्या बात है।

'पर राजेश खन्ना से मिलाना मत भूल जाइएगा।' मिसेज़ मनचन्दानी ने उसे फिर याद दिलाई।

और जब अली अमजद ने वादा कर लिया, तब उसे नम्बर दो 'सुरसिंगार सुसायटी' की कुंजी मिली और उसे यक़ीन आया कि फ़्लैट उसे वाक़ई मिल गया है। कुंजी उसने झट से जेब में रख ली पर उसे जेब के अन्दर भी पकड़े रहा, जैसे कि उसे यह डर हो कि छूटते ही कुंजी हवा हो जाएगी।

जब वह मनचन्दानी के बारहवेंवाले फ़्लैट से नीचे आया तो तोलाराम ने कहा, 'अब किसी दिन बैठके वह इश्टोरी भी सुन लो अमज़द भाई।'

'क्यों नहीं? ज़रूर।' उसने कहा।

'फिफ्टी रुपीज की पुरानी इंग्लिस नाबिलें भी खरीद लिया हूँ।' तोलाराम ने बड़ी राज़दारी से कहा, 'काम चल निकला, भगवान की दया से, तो रोज-रोज नई इश्टोरियाँ कैसे बनेंगी? यह तरकीब वाइफ ने सुझाई। बहुत वंडरफुल औरत है। फसक्लास बी.ए. है। एक नया नाबिल खरीदने लगा तो दुकानदार बोला, उसे भी मैंने ही फ्लैट दिलवाया था, कि तोलाराम जी, फिल्मी 'रैटर' बनना है तो यह नाबिल मत लो। दस कापियाँ आई थीं। दस रैटर ले गए। दस कापियों का ऑर्डर बुक

है—फिर उसने ही मेरे लिए किताबें चुनीं। पचीस बरस से कम पुरानी कोई नाबिल उसने खरीदने ही नहीं दी। आज के चालू फिल्मी रैटरों को खबर भी नहीं होयेगी उन किताबों की। कल रात वाइफ ने एक नाबिल सुनाना शुरू किया। पहला ही सीन साला ऐसा धाँसू है कि छुट्टी हो गई। होटल पुलिस ऑफिसर है और हीरोइन उस कातिल की बेटी है जिसे हीरो गिरिफतार करना चाहता है...'

'बैठते हैं किसी दिन।' अली अमजद ने बात काटी।

'चलो, तुमको वहाँ तक छोड़ आऊँ।'

'अरे नहीं!' अली अमजद ने जल्दी से इनकार कर दिया। उसे डर था कि जो तोलाराम साथ लग लिया तो पूरा उपन्यास सुना डालेगा।

'अरे तकल्लुफ क्यों करते हो अमज़द भाई?' उसने फिर अमजद की 'ज' पर बिन्दी ठोंक दी।

'नहीं भाई।' अली अमजद ने कहा, 'मैं चला जाऊँगा। सुसायटी के सेक्रेटरी के नाम मनचन्दानी साहब ने ख़त तो दे ही दिया है।'

'ज़्यादा सूटिंग-ऊटिंग मत दिखाना।' तोलाराम ने कहा।

और यह कहकर वह अजीब तरह से हँसा। बोला, 'मनचन्दानी तो दिन-रात पैसे बनाने में जुटा रहता है और बेचारी साधना भाबी सूटिंग पर गुजारा कर रही है।'

तोलाराम ज़ोर से हँसा।

उसकी हँसी की आवाज़ उसकी मोटरसाइकिल की आवाज़ में डिज़ाल्व हो गई।

'फिर मिलते हैं।' अली अमजद ने चिल्लाकर कहा।

तोलाराम चला गया और अली अमजद पाली हिल्स अपार्टमेंट के नीचे फैले हुए देशी और विदेशी कारों के जंगल में अकेला रह गया।

सीन : 75

'सुरसिंगार सुसायटी' तक अली अमजद की किरायादारी की ख़बर अली अमजद से पहले ही पहुँच गई। और सोसायटी में उसकी पहली मुलाक़ात रमा से हुई। वही इन्तज़ार में थी। वह इस बात पर मनचन्दानी से ख़फ़ा भी थी कि उसने अपना फ़्लैट एक मुसलमान को क्यों दिया। पर वह चांस लेनेवालियों में नहीं थी, इसलिए उसने दिन-भर में यह मालूम कर लिया कि आज तक उसकी कितनी फ़िल्में रिलीज़ हो चुकी हैं और वह कितनी फ़िल्में लिख रहा है।...खटक परिवार पढ़ा-लिखा परिवार था और पढ़े-लिखे लोग अपनी नफ़रतें छिपाना जानते हैं।

रमा के ख़याल में उसे मुसलमानों से नफ़रत करने का पूरा अधिकार था। उसे यह अधिकार इसलिए था कि उसके घरवालों को सन सैंतालीस की उथल-पुथल में पंजाब छोड़ना पड़ा था। वे लोग पंजाबी किसानों को भारी सूद पर रुपया क़र्ज़ दिया करते थे। जब पाकिस्तान की हवा चली तो गिरवी रखे हुए सोने-चाँदी के तमाम-तमाम गहने लेकर, दंगे शुरू होने से पहले ही, दिल्ली आ गए। रमा का कहना था कि उसके दादाजी के पास मनों सोना रहा होगा। जो देश का बँटवारा न हो गया होता तो रमा के दादाजी यह मनों सोना-चाँदी लेकर दिल्ली न आ गए होते। देश के बँटवारे से सब घाटे में रहे, पर रमा के दादाजी की लह आई। दिल्ली आकर उन्होंने अपना क्लेम दाख़िल किया और अब्दुस्समद खाँ बिसाती की कोठी में जमके बैठ भी गए। और बाक़ी ज़िन्दगी उन्होंने भगवान की पूजा करने और मुसलमानों को गालियाँ देने में गुज़ार दी।

सैंतालीस में रमा साढ़े बारह बरस की थी। साढ़े बारह बरस की लड़की नफ़रत और मुहब्बत करना सीख चुकी होती है। उसने मुहब्बत तो ख़ैर किसी से नहीं की, पर दिल्ली आने के बाद उसने मुसलमानों से नफ़रत करना ज़रूर शुरू कर दिया था।

मुसलमानों से नफ़रत करना उन दिनों उत्तर भारत के फ़ैशन में भी दाख़िल था। लोगों को पाकिस्तान में मारे जानेवालों का हिसाब ज़बानी

याद था और लोग उस हिसाब में इस क़दर उलझे हुए थे कि हिन्दुस्तानी सड़कों पर बिखरी हुई लाशों को गिनने का वक़्त ही नहीं निकल पा रहा था। आम तौर से लोगों का ख़याल यह था कि इज़्ज़त सिर्फ़ हिन्दू औरतों की होती है और मुसलमान औरतों के पास केवल बदन होता है। पर उन दिनों भी इधर और उधर, दोनों ही तरफ़, कुछ पागल ऐसे भी थे जो चिल्ला-चिल्लाकर यह कह रहे थे कि लाशों और ख़ंजरों का कोई धर्म नहीं होता और इज़्ज़त की कोई जात नहीं होती। पर इन पागलों में से कोई रमा का पड़ोसी नहीं था। इसलिए किसी ने रमा को यह बताया ही नहीं कि पाकिस्तान के हिन्दुओं की तरह हिन्दुस्तान के मुसलमान भी मारे जा रहे हैं। यदि यह सच था कि :

आस कच्चे घड़े की तरह बह गई
सोहनी बीच तूफ़ान में रह गई

तो यह भी सच था कि :

जामा-मस्जिद में अल्लाह की जात थी
चाँदनी चौक में रात-ही-रात थी।

पर पूरी वास्तविकता यूँ थी कि :

पाँच दरियावों का गीत जलने लगा
कृष्ण के देश में कोई राधा न थी
राम के देश में कोई सीता न थी
हीर सड़कों पे नंगी फिराई गई
रावी में हर रवायत बहाई गई
कुछ लुटेरे बड़े आदमी बन गए
और हम घर में शरणार्थी बन गए।
औरतें सरहदों की तरफ़ चल पड़ीं

सीन : 75

नाक की कील, सर की रिदा भी नहीं
जूतियाँ घर की दहलीज पर रह गईं
एक कारे-नुमायाँ हुआ है यहाँ
घर जलाकर चिरागाँ हुआ है यहाँ।

परन्तु यह पूरी वास्तविकता उन दिनों बहुत कम लोगों को मालूम थी। और रमा उन कम लोगों में से नहीं थी। इसलिए जब उसे यह पता चला कि बग़लवाले फ़्लैट में कोई मुसलमान आ रहा है तो वह समझ गई कि यह साधना उसका दिल दुखा रही है। पर मध्यवर्ग की थोड़ी-बहुत पढ़ी-लिखी औरतों की तरह रमा को भी फ़िल्में देखने, कभी-कभार अंग्रेज़ी में बात करने और दैनिक समाचार-पत्र पढ़ने का बड़ा शौक़ था। दिल-ही-दिल में वह राजेश से भी मिलना चाहती थी और अली अमजद से दोस्ती करने के बाद अपनी तमाम फ़िल्मी ख़्वाहिशें पूरी कर सकती थी।

रमा कहती तो यह थी कि भोलानाथ की तसवीर देखते ही वह तड़ से उन पर आशिक़ हो गई थी, पर सच्ची बात यह है कि भोलानाथ के बम्बई में रहने पर आशिक़ हुई थी। मतलब यह था कि मिसेज़ भोलानाथ चोपड़ा बनकर उसे बम्बई रहने और अपने दिलीप कुमारों, धर्मेन्द्रों और राजेशों से मिलने का मौक़ा मिलेगा। राजेश खन्ना का पूरा नाम वह कभी नहीं लेती थी। राजेश खन्ना उसके लिए राजेश था। और जो इन लोगों से मिलना न हो भी सका तो उस शहर की हवा में साँस लेने का मौक़ा तो मिल ही जाएगा जिसमें ये स्टार साँस लेते हैं और इश्क़ करते हैं और बाढ़-पीड़ित जनता के लिए मदद माँगने के लिए जुलूस निकालते हैं।

पर जब बम्बई आकर उसे पता चला कि वह जिसे दिलीप कुमार समझ रही थी, वह तो वास्तव में यूसुफ़ ख़ाँ है तो उसने अपनी दर्शन-

लिस्ट से उसका नाम काट दिया। तो बचे राजेश और धरम। और अली अमजद इन दोनों ही की फ़िल्में लिख रहा था। इसीलिए अपनी नफ़रत की आँखें बचाकर वह अली अमजद के आने की राह भी देख रही थी। बाहर ज़रा आहट होती तो रमा भागकर दरवाज़े की आँख से अपनी आँख लगा लेती।...और यूँ 'सुरसिंगार' में सबसे पहले अली अमजद को रमा ही ने देखा।

अली अमजद पहली ही बार 'सुरसिंगार' नम्बर दो का ताला खोल रहा था कि उसे लगा, जैसे कोई उसे देख रहा है। उसने ज़्यादा ध्यान नहीं दिया। पर जब रमा बाहर निकल आई तो उसकी तरफ़ देखना ही पड़ा।

रमा निकली तो यूँ थी कि जैसे वह किसी ज़रूरी काम से, बहुत जल्दी में, बाहर जा रही है और नये पड़ोसी को देखकर यूँ ही पल-भर को रुक गई है।

'नमस्ते जी।' अली अमजद के सलाम के जवाब में उसने मुस्कुराकर कहा। उसे दरअसल अपनी मुस्कुराहट पर बड़ा गुमान था, 'आप अली अमजद जी हैं ना?'

'जी हाँ।' उसे मजबूरन रुकना पड़ा, हालाँकि वह दरवाज़ा खोल चुका था।

'कितना रेंट दे रहे हैं आप?'

'साढ़े छह सौ।'

'हे राम! इन सिन्धियों से भगवान बचाए। आप तो स्टैंडर्ड रेंट करवा लीजिए। मैं मिसेज रमा चोपड़ा हूँ। और देखिए भाई साहब, अब यहाँ रहने आ रहे हैं, तो मिसेज गुप्ता से बचिएगा। मौक़ा मिलते ही बीस-तीस उधार माँग लेगी और आँख झपकते ही घर की एक-आध चीज़ साफ़ कर देगी। बड़ी हाथलपक है जी...' रमा जोश में यह भूल गई कि वह

यह दिखाती हुई निकली थी कि बहुत जल्दी में है। वह 'सुरसिंगार' पर रनिंग कमेंट्री देने लगी, 'यह जो नम्बर चार की फ्रेनी है, मिलने लायक़ नहीं है। मैं अपने मुँह से कुछ नहीं कहती, आप ख़ुद देख ही लेंगे...'

साबित यह हुआ कि 'सुरसिंगार' में चोपड़ाओं के सिवा कोई मिलने-मिलाने के लायक़ है ही नहीं।

'भाभीजी कब आएँगी?'

'परसों।' उसने अपनी भाभी के आने की ख़बर दे दी जो बनारस से ख़ास शूटिंग देखने और दिलीप कुमार से मिलने बम्बई आ रही थीं!

'फिर हम और भाभीजी रोज मैटनी शो देखने जाया करेंगी।' रमा खिलखिलाकर हँस पड़ी और फिर बोली, 'नाथ को तो कोई शौक़ ही नहीं है। बस, काम पर से आए नहीं कि व्हिस्की लेकर बैठ गए। पर दिल के बड़े अच्छे हैं।'

अली अमजद ने दरवाज़ा पूरा खोल दिया। पर रमा ने इशारा नहीं समझा। वह तो अपने मज़े में बोलती ही चली गई, 'बस उनके फ़ोन को कोई हाथ न लगाए। बात यह है भाई साब, कि बिल्डिंग में फ़ोन बस एक है। हमारे पास। अब जो हम लोग बिल्डिंगवालों को मैसेज भिजवाने लग जाएँ तो और किसी काम के लिए टाइम ही न मिले। छह नम्बर में जो मिसेज चिन्तक रहती हैं, उनसे पहले मेरी बड़ी दोस्ती थी। मिस्टर चिन्तक किसी डेली पेपर में काम करते हैं। तो मिसेज चिन्तक गईं मायके। भाई साब, चार महीने तक मैंने चिन्तक जी को अपने घर खाना खिलाया। कपड़े उनके धुलते और धोबी का हिसाब मैं रखती। मैं हिसाब नहीं करती भाई साब, पर एक आदमी को चार महीने तक खिलाने में कुछ तो ख़र्च होता ही होगा। एक दिन उनका फ़ोन आया। मैं नहा रही थी। नौकर बाज़ार गया हुआ था। नाथ शेव कर रहे थे, तो उन्होंने कह दिया कि अभी मैसेज ले जानेवाला कोई नहीं है। बस भाई साहब, मैं क्या बताऊँ कि पीहर से लौटकर मिसेज चिन्तक ने

इस बात का क्या बतंगड़ बनाया है। नाथ भी ज़बान के ज़रा तेज़ हैं। उखड़ गए। बोले : 'निकलती है मेरे घर से कि जूते मार के निकालूँ?' फ़्लैट से तो वह डरकर भाग गई, पर बाहर जाके मेरी मीता के बारे में बक-बक करने लगी कि वह, भगवान न करे, किसी मुसलमान छोकरे से फँसी हुई है। आप बुरा न मानिएगा भाई साब, पर मुसलमान न मुझे अच्छे लगे, न मेरी मीता को...यह लीजिए। मैं भी पागल हूँ। आप ही से कह रही हूँ कि मुझे मुसलमान अच्छे नहीं लगते...'

अली अमजद बड़ी मुश्किल से जान बचाकर फ़्लैट में जा सका। और उसके जाने के बाद रमा भी अपने फ़्लैट में चली गई।

सिटिंग रूम में रखे टेलीफ़ोन में ताला लगा हुआ था। अपने ख़याल में इस ताले की कुंजी सिर्फ़ भोलानाथ के पास थी। वह इसलिए कि रमा को फ़ोन पर बातें करने का बड़ा शौक़ था और उसके शौक़ का बिल भोलानाथ को भरना पड़ता था।

पर रमा भी चंट थी। उसने वैसा ही एक ताला और ख़रीद लिया। एक कुंजी तो उसने अपने पास रखी और दूसरी कुंजी के साथ वह ताला उसने मिसेज़ मिढा के हाथ बेच दिया।

मिसेज मिढा को अपने बेडरूम के लिए नया-नया फ़ोन मिला था। रमा ने उसे डराया कि पास-पड़ोसवाले फ़ोन कर-कर के फ़ोन के ख़र्च को रसोई के ख़र्च जितना कर देंगे। इसलिए फ़ोन में ताला ज़रूरी है। उस वक़्त सरला रमा ही के घर थी। सरला मिढा हौल खा गई और बोली कि घर जाते-जाते वह ताला ख़रीदती जाएगी।

इस रमा ने वह एक कुंजीवाला ताला उसके सिर मढ़ दिया। दूसरी कुंजी की जगह सरला के हाथ में कैश-मेमो थमा दिया। सरला ने दूसरी कुंजी के बारे में पूछा तो रमा ने कह दिया कि फ़ोन के ताले एक ही कुंजीवाले बनाते हैं। और यूँ उन्हें बिना जेब से कुछ सरकाए हुए उसे फ़ोन के ताले की एक कुंजी मिल गई और भोलानाथ की ज़िद में उसने

सीन : 75

दिल्ली फ़ोन घुमा-घुमाकर मीता से ख़ूब बातें करनी शुरू कर दीं कि अब मीता अपने पति समेत दिल्ली ही में आ गई थी।

और जब टेलीफ़ोन का लम्बा-चौड़ा बिल आता तो भोलानाथ ज़मीन-आसमान एक करते, ख़ूब-ख़ूब चीख़ते-चिल्लाते और वह मज़े में बैठी सेब या चकोतरे खाती रहती।

इस पर भोलानाथ और झल्लाते और तब खाना ख़त्म करके रमा पंजे झाड़कर उनके पीछे पड़ जाती कि फ़ोन में ताला बन्द रहता है... और भोलानाथ यह सुनकर लाजवाब हो जाते...।

...तो अली अमजद से मिलकर, फ़्लैट में लौटते ही, पहले तो श्रीकृष्ण की मूर्ति को प्रणाम किया, फिर उसके नीचे से फ़ोन की कुंजी निकालकर सरला को फ़ोन करने के लिए उसने ताला खोला।

यह कुंजी वह मूर्ति के नीचे इसलिए रखा करती थी कि भोलानाथ नास्तिक थे और मूर्ति के आसपास उनका आना-जाना नहीं था। वह तो बीफ़ भी खाते थे और रमा ने, उन्हें बताए बिना उनके बर्तन अलग कर रखे थे।

भोलानाथ की जेब से मारे हुए पैसे भी वह इसी मूर्ति के नीचे रखा करती थी। और इन रुपयों की चोरी के इल्जाम में, हर दूसरे-तीसरे, उनके नौकर निकाले जाते रहा करते थे...।

...तो मूर्ति के नीचे से कुंजी निकालकर रमा ने मिसेज मिढा को फ़ोन किया। बोली, 'सरला, ए बड़े मज़े दी गल सुनो जी...' उसने अली अमजद से अपनी मुलाक़ात की पूरी कहानी सुना दी।

सरला ने यह बात बार-बार पूछी कि क्या उसने सचमुच अली अमजद से यह कह दिया कि उसे मुसलमानों से मिलना-जुलना पसन्द नहीं है? और रमा ने हर बार यही जवाब दिया कि क्या वह अली अमजद से डरती है कि न कहती!

सरला मिढा उन औरतों में से थी जो किसी मुसलमान लड़की से

इश्क़ करने पर भी तैयार नहीं थी। मुसलमान तो दूर रहे, वह मिढा साहब का छुआ भी नहीं खाती थी। उसका खाना अलग पकता था।... तो उसे डर था कि अली अमजद से रमा की मुलाक़ात हो गई तो उसके लिए परेशानी हो जाएगी कि फिर अली अमजद मियाँ-बीवी का रमा के यहाँ आना-जाना शुरू हो जाएगा। और हालाँकि रमा ने अब तक उसके इशारे की ज़बान का कोई जवाब नहीं दिया था, पर सरला अभी तक पूरी तरह उससे मायूस नहीं हुई थी...।

सरला की ट्रेजिडी यह थी कि वह कलाकार थी और समाचार-पत्रों की सतह पर आकर दिल की बात को ख़बर की तरह सुना देने के ख़िलाफ़ थी। उसे पाने से ज़्यादा पाने की कोशिश में मज़ा आया करता था। इसलिए वह रमा को मुसलमानों से अलग-थलग रखना चाहती थी।

और रमा की ट्रेजिडी यह थी कि वह शौक़ीन-मिज़ाज थी और भोलानाथ की आमदनी रमा के शौक़ से बहुत छोटी पड़ जाया करती थी। इसलिए रमा भी सरला को हाथ से निकलने नहीं देती थी कि रमा के सिनेमा के शौक़ का सारा ख़र्च सरला ही उठाती थी और सालगिरह के दिन वह रमा को एक नई और क़ीमती साड़ी पहनाकर सबके सामने लिपटाकर उसका मुँह चूमा करती थी...।

यानी रमा और सरला, दोनों ही को एक-दूसरे की ज़रूरत थी।

पर रमा सरला से थोड़ा-बहुत जलती भी थी और उसका जलना बहुत अजीब भी नहीं था। सरला के पास दौलत थी और शौक़ न था। रमा के पास शौक़ थे और दौलत न थी। उसे अपना कोई छोटा-सा शौक़ पूरा करने के लिए भोलानाथ की जेब काटनी पड़ती और फिर किसी ईमानदार नौकर को चोरी के इल्जाम में निकालना पड़ता था।

पर रमा अपनी नफ़रत और जलन को छिपाने की कला ख़ूब जानती थी। यही कारण है कि सीमा से दोस्ती करने में उसे देर नहीं लगी। सीमा के आने के बाद दो-एक दिन तक तो अपनी बनावटी 'हलो-जी' और एक मुस्कुराहट का चारा डालती रही, क्योंकि वह चाहती यह थी कि पहल सीमा की तरफ़ से हो ताकि वह लोगों से कह सके कि वह तो सीमा को मुँह लगाना नहीं चाहती पर कोई सूरत पर सवार ही हो जाए तो क्या किया जाए! मिलना ही पड़ता है...।

लेकिन सीमा को अली अमजद ने पहले ही चौकन्ना कर दिया था, 'भाभी, मिसेज़ खटक से बच गईं तो समझना कि कमाल कर दिया। औरत नहीं, जोंक है, जोंक। चिपक गई तो जान बचाना दूभर हो जाएगा।'

सीमा बनारस के गोविन्दपुरा कलाँ से शूटिंग देखने, शॉपिंग करने और फ़िल्म स्टारों के साथ तसवीरें खिंचवाने आई थी। उसके पास भला मिसेज़ खटक के लिए वक़्त ही कहाँ था! उसने तो बम्बई सेंट्रल स्टेशन ही से यह पूछना शुरू कर दिया था कि कौन स्टार कहाँ शूटिंग कर रहा है और किस-किस से उसकी दोस्ती है।

पर रमा भी आसानी से हार माननेवालों में नहीं थी। पहले तो वह इन्तज़ार करती रही कि सीमा मिलने आएगी। पर जब सीमा संट खींच के बैठ गई तो आजिज़ आकर खटक जी समेत आकर उसने नम्बर दो 'सुरसिंगार' की घंटी बजा ही दी!

'अपने साब से बोलो कि हम लोग आए हैं।' रमा ने कहा।

'साब तो नहीं हैं।' नौकर ने कहा।

'मेम साब को बोलो।'

'मेब साब भी नहीं हैं।'

'उँह। चलो, घर तो देख ही लें।' रमा यह कहकर फ़्लैट में चली गई। भोलानाथ भी पीछे-पीछे आए।

नौकर बेचारा रोक तो सकता नहीं था, साथ-साथ लगा रहा।

सीन : 75

रमा ने पूरा फ़्लैट देखा। उसे कुछ जँचा नहीं। सारे फ़्लैट में तेज़ रंगों की कोई चीज़ ही नहीं थी। बस, गुलदानों में ताज़ा फूल लगे हुए थे। सिटिंग-रूम की एक दीवार पर पिकासो का एक प्रिंट लगा हुआ था : बैठी हुई नंगी औरत।

रमा ने बहुत आँखें फाड़-फाड़कर नंगी औरत को तलाश किया, पर वह उसे नज़र नहीं आई। बेडरूम में तो जैतूनी मख़मल के पलंगपोश के सिवा किसी चीज़ पर उसकी निगाह ही नहीं ठहरी...पर उसने यह तय कर लिया कि वह अपने पलंग पर भी मख़मल का पलंगपोश डालेगी और गुलदानों से प्लास्टिक के फूल निकाल देगी और दीवार पर एक पेंटिंग लटकाएगी।

पेंटिंग तो उसी दिन आ गई। हाजी अली के सामने रेसकोर्स की तरफ़ वाटर-कलर और ऑइल के फ्रेम किए हुए लैंड-स्केप बिकते हैं। वह मिसेज़ मिढा को लेकर वहाँ गई। बहाना तो था कि मेट्रो में मैटनी शो देखेंगे। नेशनल स्पोर्ट्स क्लब से गुज़रते ही लैंड-स्केप देखकर उसने 'हाय' करके कार रुकवा ली।

'यह तेरे बेडरूम में बहुत जँचेगी। यह ड्राइंरूम में...' उसने सरला मिढा की तरफ़ से चित्र पसन्द करना शुरू कर दिया।

आख़िर में उसने खेतों में चरती हुई एक बूढ़ी गायवाला लैंड-स्केप पसन्द किया, पर यह कहकर छोड़ दिया कि सरला के घर में जगह कहाँ है, तो रमा ने वह लैंड-स्केप अपने बेडरूम के लिए खरीद लिया।

और यूँ खटक जी जब रात को लौटे तो उन्होंने बेडरूम में वह लैंड-स्केप टँगा हुआ देखा। रमा ने तुरन्त एक कहानी सुना दी कि दरवाज़े पर एक चित्रकार बेचने आया था। साठ माँग रहा था। मैं दस में पटा लिया। भोलानाथ इत्तिफ़ाक़ से ख़ुश थे, इसलिए बात नहीं बढ़ी और रमा ने दस रुपए भी ऐंठ लिये।

सीन : 75

दूसरे दिन जब सीमा अपने दरवाज़े पर बैठी फूलवाले से फूल ख़रीद रही थी, रमा भी निकल आई।

'नमस्ते? पैंडज़ी...'

'नमस्ते।'

रमा भी फूलवाले की टोकरी के पास बैठ गई।

'हम लोग कल आए थे।'

'जी हाँ। हम लोग एक फ़िल्म की मुहूरत में गए हुए थे।'

'कौन-कौन काम कर रहा है उसमें?'

'धर्मेन्द्र और हेमामालिनी। ये कार्नेशन कैसे दिये?' सीमा फूलवाले से बातें करने लगी, 'तुम लूटते बहुत हो...'

'नाँइ बाई। हम ख़ाली तुम्हारे वास्ते इस बिल्डिंग में आता है। तुम ये बोलेगा कि हम लूटता तो कैसे काम चलेगा...?'

'मुझे तो ख़ुद फूलों का शौक़ है। पर इधर फूलवाले आते ही नहीं। ये ट्यूब-रोज़ कैसे दिये?...'

रमा को फूल ख़रीदने पड़े, क्योंकि उसे सीमा पर यह साबित करना था कि उसे भी फूलों का बड़ा शौक़ है। रमा ने पैंतीस रुपए के फूल लिये। रमा ने पैंतालीस के चुने और यह कहकर अन्दर गई कि पैसे लेकर आती है। पर वह दरवाज़े पर खड़ी रही और सीमा के अन्दर जाने की राह देखती रही।

सीमा पैसे देकर और फूल लेकर अन्दर चली गई और जब उसके फ़्लैट का दरवाज़ा बन्द हो गया तब रमा निकली और फूलवाले से बोली, 'हज़ार का छुट्टा होगा?'

ज़ाहिर है कि फूलवाले के पास हज़ार का छुट्टा नहीं हो सकता था। इसलिए उसने कहा, 'बाई, कोई वाँदा नहीं, कल ले जाऊँगा पैसे।' परन्तु रमा कहाँ फँसनेवली थी। बोली, 'मैं उधार नहीं करती...' यह कहकर उसने फ़्लैट का दरवाज़ा अन्दर से बन्द कर लिया।

सीन : 75

रमा बहुत ख़ुश थी कि उसने सीमा पर जमा दिया कि बिल्डिंग में एक वही फूल ख़रीदनेवाली नहीं है। पर उसे यह फ़िक्र फिर भी लगी रही कि सीमा ने कार्डों की बातें नहीं निकालीं...मिलने और दोस्ती करने की बात फिर टल गई।

उस रात उसने भोलानाथ से कहा, 'बहुत प्राउड लगती हैं मिस्टर अमजद की भाभी।'

भोलानाथ बहुत थके हुए थे, इसलिए बात यहीं ख़त्म हो गई।

थोड़े दिन और गुज़र गए। बस, फूलवाले और सब्ज़ीवाले की टोकरी के पास मुलाक़ातें होती रहीं और टोकरी उठ जाने के बाद ख़त्म होती रही। न सीमा कहीं गई और न कोई उसके यहाँ आया।

आख़िर मिसेज़ गुप्ता से न रहा गया और एक दिन वह घंटी बजाकर अन्दर आ ही गई। श्रीकंठ गुप्ता नम्बर 10 में रहते थे। 'सुरसिंगार हाउसिंग सुसायटी लिमिटेड' के सेक्रेटरी और होम्योपैथी के डॉक्टर थे। बाँद्रे में रहते थे और बोरिवली में प्रैक्टिस करते थे। लेखक भी थे और श्रीमती गुप्ता के पति भी। ये तीनों ही होल-टाइम काम हैं, पर गुप्ता जी ये तीनों काम यूँ करते थे कि एक काम की ख़बर बाक़ी दोनों कामों को कानों-कान नहीं होने देते थे। डॉक्टरी ज़्यादा नहीं चलती थी। लेखनी भी ज़्यादा नहीं चलती थी। शौहरी भी ज़्यादा नहीं चलती थी। उनकी गिनती 'कम-से-कम' वालों में थी। 'सुरसिंगार' में वह मिसेज़ गुप्ता के पति के नाते ही जाने जाते थे। किसी से उनका मिलना-जुलना नहीं था। सवेरे ही चले जाते और गई रात को वापस आते, खाना खाते, सो जाते। सीमा ने 'सुरसिंगार' आने के कोई दो महीने बाद तो उनकी सूरत देखी।

पर मिसेज़ गुप्ता बिलकुल दूसरी तरह की थीं। सबके दुख-दर्द में शरीक और सबको अपने दुख-दर्द में शरीक किये हुए। उनका नाम किसी

को नहीं मालूम था। वह मिसेज़ गुप्ता कही जाती थीं। बड़े मिसेज़ गुप्ता कहते और छोटे गुप्ता आंटी। उनका कोई-न-कोई नाम ज़रूर रहा होगा, पर अपने नाम का प्रयोग वह पाँच बरस में बस एक बार करती थीं, जब वोट देने जाती थीं।

...मिसेज़ गुप्ता मिलनसार थीं, इसलिए रमा के लगाए हुए 'कर्फ़्यू' को ज़्यादा न झेल पाईं। कुछ अपनी परेशानियों से भी मजबूर हो गईं। इसलिए रमा की आँख बचाकर वह सीमा के पास आ ही गईं।

सीमा उस वक़्त बच्ची को दूध पिला रही थी और उसका बेटा वसीम क़ालीन पर अपनी बैट्रीवाली मोटरें दौड़ा रहा था, एक्सिडेंट करवा रहा था। फिर लड़नेवाली कारों के ड्राइवर बनकर लड़ा रहा था, और फिर पुलिसवाला बनकर चालान कर रहा था या रिश्वत ले रहा था।

मिसेज़ गुप्ता ने वसीम के सिर पर प्यार से हाथ फेरा। वसीम ने कोई नोटिस न लिया कि उस वक़्त वह पुलिसवाला बनकर रिश्वत पटा रहा था।

'बद-तमीज़' सीमा ने डाँटा, 'आदाब नहीं किया आंटी को!'

वसीम ने एक आदाब घुमा के मार दिया।

मिसेज़ गुप्ता हँस पड़ीं। बोलीं, 'अरे जाने दीजिए बहन जी, आजकल बच्चों का यही हाल है।'

फ़ातिमा ने नैपी गीली कर दी। मिसेज़ गुप्ता फ़ौरन हाथ बँटाने पर तैयार हो गईं। नैपी बदलते-बदलते बोलीं, 'ये भोलानाथ बड़ा हरामज़ादा है।'

...सीमा ने कोई बढ़ावा नहीं दिया। पर मिसेज़ गुप्ता को किसी बढ़ावे की ज़रूरत ही नहीं थी। बोलती चली गईं, 'मैं तो बहन जी किसी के चक्कर में पड़ती नहीं। मैं क्या बताऊँ आपको, यह बिल्डिंग रहने लायक़ नहीं है। पटेल हिजड़ा है। फ़ेनी पेइंग-गेस्टों पर गुज़ारा करती है। नज़र भोलानाथ की भी ख़राब है। मिसेज़ चिन्तक और रमा की लड़ाई फ़ोन पर थोड़ी हुई थी। भोलानाथ ने मिसेज़ चिन्तक को फाँसना चाहा। वह नहीं फँसी तो भोलानाथ ने रमा से जड़ दिया

कि मिसेज़ चिन्तक उस पर डोरे डालने की कोशिश कर रही हैं।' मिसेज़ गुप्ता हँसीं, 'वह औरत पागल ही होगी जो भोलानाथ को फाँसने की कोशिश करेगी। पर रमा और भोलानाथ का अजीब क़िस्सा है। यह समझती है कि हर औरत भोलानाथ के चक्कर में है और वह समझते हैं कि हर मर्द रमा के चक्कर में है। मनचन्दानी और साधना से भी इन दोनों की लड़ाई इसी बात पर हुई थी। नहीं तो क्या दाँतकाटी दोस्ती हुआ करती उन चारों में! भोलानाथ और रमा के बिना उन्हें चैन नहीं और मनचन्दानी और साधना के बिना इन्हें क़रार नहीं। मनचन्दानी रमा को रमा बहन कहके लिपटाए हुए है और भोलानाथ साधना से 'भाभी जी' कहकर लिपटे पड़ रहे हैं। तब मनचन्दानी के पास फ़ोन नहीं था। और भोलानाथ मनचन्दानी के साथ थोड़ा-सा रुपया लगाना चाहते थे कि मिसेज़ मिढा से दोस्ती कै दिन चल सकती है भला! मिसेज़ मिढा ज़रा दूसरे तरह की औरत है और रमा में चाहे दूसरे हज़ारों ऐब हैं, पर वह ऐब नहीं है।...हाँ, तो क्या कह रही थी मैं? हाँ, मनचन्दानी के यहाँ तब फ़ोन नहीं था। फिर उसके पास फ़ोन आ गया तो उसने भोलानाथ से साझेदारी भी नहीं की और तब भोलानाथ को ख़याल आया कि मनचन्दानी रमा पर बुरी निगाह डालता है। पति-पत्नी में ख़ूब लड़ाई हुई। भोलानाथ पर दिल का दौरा पड़ गया। रमा ने कहा कि वह आत्महत्या कर लेगी। पर दोनों मरने का इरादा टाल गए और तय यह हुआ कि रमा मनचन्दानी को राखी बाँध दे।'...यह कहते-कहते मिसेज़ गुप्ता हँस पड़ीं और बोलीं, 'रमा की राखी का मतलब ही यह है कि भोलानाथ ने फिर रमा पर शक किया है...'

सीमा तो कुछ दिनों बाद ये क़िस्से सुना-सुना के चली गई और अमजद उस बेसुरी 'सुरसिंगार' सोसायटी में अकेला रह गया। सोसायटी का हर आदमी बचे-खुचे वक़्त का लगभग तीन-चौथाई हिस्सा पड़ोसियों की टोह में गुज़ारता था।

जब तक सीमा रही, वह यह मोर्चा सँभाले रही। उसे स्कैंडल्स जमा करने का बड़ा शौक़ था। इसलिए रमा, मिसेज़ गुप्ता और दूसरी 'लेडीज़' से उसकी निभ गई। पर नज़्मा से गप लड़ाने में उसे सबसे ज़्यादा मज़ा आता।

नज़्मा एक कॉल-गर्ल थी।

बनारस में तो वह यूँ बेधड़क किसी कॉल-गर्ल से मिलने के बारे में सोच भी नहीं सकती थी। रमा और मिसेज़ गुप्ता ने उसे नज़्मा के बारे में कई ज़रूरी बातें बता दी थीं :

1. कि नज़्मा बत्तीस साल से एक दिन कम की नहीं है, पर कहती है कि चौबीस की है।
2. कि नज़्मा इतनी ख़ूबसूरत नहीं है, जितनी दिखाई देती है।
3. कि एक रात के चार-पाँच सौ लेती है।
4. कि 'सुरसिंगार' के मर्दों के साथ कनसेशन करती है।
5. कि किसी सेठ ने तो उसको रख छोड़ा है। फ़्लैट का किराया और मेकअप का सारा इम्पोर्टेड सामान वही देता है।
6. कि नज़्मा ने हरीश राय को रख छोड़ा है।
7. कि पहले नज़्मा 'नीली' के नाम से फ़िल्मों में छोटे-मोटे रोल किया करती थी और असिस्टेंट डाइरेक्टरों में बहुत पॉपुलर थी।
8. कि हरीश को वह उन्हीं फ़िल्मी दिनों से जानती और मानती है।
9. कि चूँकि वह अली अमजद के घर में आती-जाती है, इसीलिए अली अमजद को हरीश की फ़िल्म लिखने को मिल गई है, नहीं तो हरीश भला रामनाथ को छोड़कर अली अमजद के

पास क्यों आता? रामनाथ उसकी सिलवर जुबली फ़िल्में लिख
चुका था।

सीमा बड़ी मुँहफट लड़की थी। हरीश से पूछ बैठी।

'भाभी,' हरीश ने कहा, 'क्या झूठ है, क्या सच है, यह कोई नहीं जानता...'

सच्ची बात यह है कि यह हरीश की पिछली फ़िल्म का एक संवाद था। रामनाथ का लिखा हुआ हिट संवाद। हरीश को रामनाथ के संवाद इसीलिए पसन्द थे कि स्पेलिंग और ग्रामर की गलतियों के बावजूद हर मौक़े पर खप जाते थे।

पर सीमा बड़ी सीधी-सादी लड़की थी। वह साधारण बातचीत करती थी। वह न संवाद बोले, न समझे। तो उसने हरीश को दौड़ा लिया। बोली, 'झूठ वह है जो आप अभी बोले थे और सच वह होगा जो आप अब बोलेंगे।'

हरीश चकरा गया। हँसने लगा।

नज़्मा से उसे कोई सीरियस क़िस्म का इश्क़ नहीं था। एक फ़िल्म के सेट पर मुलाक़ात हुई। और वह उसे अच्छी लग गई। उन दिनों वह अँधेरी ईस्ट में रहा करता था। एक बेडरूम-हॉल का फ़्लैट था। और वह अकेला था। अली अमजद, वी.डी. और अलीमुल्लाह डिक्रूज़ गेस्ट हाउस ही में थे।

वी.डी. और रोज़ी का एकतरफ़ा इश्क़ अब भी चल रहा था हालाँकि रोज़ी अब 'माई के अड्डे' पर नहीं रहती थी। कुलाबा उठ गई थी। वहाँ उसने अपना धन्धा शुरू कर दिया था। पर वी.डी. के प्यार पर उसके धन्धे का कोई असर नहीं पड़ा था। वह हफ़्ते में एक-आध बार रोज़ी से मिलने ज़रूर जाता। कभी शिकायत न करता। बड़ी सादा बातचीत होती।

'कैसी हो?'

सीन : 75

'ठीक है। तुम कैसा है?'

'हम भी ठीक हैं।'

'चाय पियेंगा?'

इतनी-सी बात में कोई घंटा-डेढ़ घंटा लग जाता।

एक दिन वी.डी. बहुत उदास था, तो अलीमुल्लाह से बोला, 'यार, बस यही एक सीन हुआ जा रहा है। लगता है, जैसे किसी फ़िल्म की शूटिंग हो रही है और हम दोनों ही री-टेक पर री-टेक दिये जा रहे हैं। शॉट ओ.के. नहीं हो रहा है।'

अलीमुल्लाह चुप रहा क्योंकि फ़िल्म-भाषा वह समझता ही नहीं था। बोला, 'यार, वी.डी., मेरी तो समझ में नहीं आता कि तुम उस बहनचो तवायफ़ के चक्कर से निकलते क्यों नहीं।'

'औरत को मर्दानी गाली देते हो!' वी.डी. को अलीमुल्लाह की ग्रामर की ग़लतियाँ पकड़ने का बड़ा शौक़ था। 'राही मासूम रज़ा का एक डायलॉग सुनो। सीन यूँ है कि हीरोइन, जो एक स्ट्रीटवाकर है, राजा नामी एक दादा को यह सोचकर अपनी कमाई देती है कि वह भी दादर के दादा टार्ज़न जैसा होगा। पर राजा हीरो है। वह वैसा कैसे हो सकता है? तो वह गंगा को एक लाफ़ा मारता है। गंगा हीरोइन का नाम है। वहाँ साइड हीरो हिम्मत जौनपुरी भी है। वह राजा से कहता है कि औरत पर हाथ नहीं उठाते। इस पर राजा कहता है—'तुम साला रंडी को औरत बोलता है?' बस, साइड हीरो को तक़रीर झाड़ने का मौक़ा मिल जाता है—'यह तुम्हारी तरह असली डिबियों में नक़ली बूट-पालिश का धन्धा तो नहीं करती। दूध में पानी तो नहीं मिलाती। चावल में कंकर-पत्थर तो नहीं डालती। नक़ली दवा, नक़ली दारू, नक़ली सपने, नक़ली भविष्य तो नहीं बेचती। बिना किसी मिलावट, बिना किसी भूमिका, बिना किसी भाषण के अपना बदन बेचती है। अपनी इज़्ज़त बेचती है। यह इसकी बेइज़्ज़ती नहीं, इज़्ज़त के दाम हैं।'

सीन : 75

वी.डी. चुप हो गया।

कमरे में सन्नाटा हो गया। भारी, मैला और बदबूदार सन्नाटा।

'पब्लिक साली इस डायलॉग पर ताली मारेगी।' वी.डी. ने कुछ देर के बाद कहा और अपनी चारमीनार सुलगाने में लग गया।

अलीमुल्लाह फिर चुप रहा। उसे मालूम था कि वी.डी. पर कभी-कभी कड़वाहट के दौरे पड़ते हैं।

"'आधा गाँव' के राइटर साले को हो क्या गया है?' वी.डी. ने सवाल किया।

'मैंने 'आधा गाँव' नहीं पढ़ी है।' अलीमुल्लाह ने कहा, 'मैं हिन्दी नहीं जानता।'

'सब चूतियापंथी है।' वी.डी. ने कहा।

'आज अम्माँ का एक ख़त फिर आया।' अलीमुल्लाह ने कहा।

'कहो तो ज़बानी सुना दूँ?' वी.डी. बोला, 'यार माँओं के ख़त इतने मुनाटनस क्यों होते हैं? यहाँ पर सब ख़ैरियत है। ख़ैरियत की बात सुनके झाँट सुलग जाती है।'

'आजकल ख़ैरियत का मतलब बदल गया है।' हरीश आ गया। नज़्मा साथ थी। 'ख़ैरियत का मतलब अब यह है कि मरे नहीं, जिन्दा हैं।'

नज़्मा खिलखिला के हँस पड़ी।

उस कमरे के कड़वे वातावरण में वह क़हक़हा एक गाली-सी लगा। वी.डी. ने नज़्मा को घूर के देखा।

'अपने देश के लोगों को दुख-दर्द की आदत पड़ गई है वीरेन्द्र कुमार उर्फ वी.डी., दुख बहुत हैं।'

'गलत,' वी.डी. ने कहा, 'दुख बहुत होते तो अब तक दुख पर टैक्स लग चुका होता।'

नज़्मा को फिर हँसी आई, पर वी.डी. का गम्भीर चेहरा देखकर वह अपना दिल मार गई।

सीन : 75

हरीश ने 555 की डिबिया निकाली। 555 की डिबिया फ़िल्मी जगत में स्टेटस का चिह्न है। हरीश डायरेक्टर हो चुका था। 'विल्स फ्लैक' या 'चारमीनार' नहीं पी सकता था। उसका लाइटर भी सुनहरा था— 22 कैरेट गोल्ड का।

वी.डी. ने अपनी सिगरेट माचिस से जलाई। उसका थीसिस यह था कि लाइटर से जलाने में सिगरेट का आधा मज़ा ख़त्म हो जाता है।

'यह मेरी फ़िल्म की हीरोइन नज़्मा है।' हरीश ने परिचय करवाया।

'असली नाम हलीमा, नक़ली नाम नज़्मा, फ़िल्मी नाम नीली', नज़्मा ने कहा।

'नीली क्यों?' वी.डी. ने सवाल किया, 'अच्छी-खासी साँवली हो!'

यह बात वी.डी. ने बड़ी संजीदगी से कही थी, पर नज़्मा समेत सब हँस पड़े, जैसे उसने मज़ाक़ किया हो और कमरे में जमके बैठी हुई कड़वाहट दबे पाँव बाहर चली गई और या तो वीर सावरकर मार्ग उर्फ़ पोरबन्दर रोड की भीड़भाड़ से मिल गई या बाँद्रा तालाब में कूद पड़ी।

'आज अलीमुल्लाह की माँ का ख़त फिर आया है,' वी.डी. ने कहा।

परन्तु नज़्मा को अलीमुल्लाह, उसकी माँ और वी.डी. में कोई दिलचस्पी नहीं थी। उसे अपना 'डिक्रूज़' आना ही अच्छा नहीं लग रहा था। वह एक फ़िल्म की हीरोइन, फाइनेंसर की रखैल और डायरेक्टर की माशूक़ा थी। उसके पास अपनी इटैलियन फिएट कार थी। 'डिक्रूज़' और नज़्मा का कोई मेल ही नहीं था। पर हरीश ने ज़िद की, इसलिए उसे आना ही पड़ा।

वह अपनी फ्रेंचशिफॉन की साड़ी को सँभाले हुए मुश्किल से बैठी थी और कमरे के फ़र्श पर बिखरे हुए सिगरेट के ठुर्रों को गिन रही थी। तैंतालीस तक पहुँची कि उसे लगा, जैसे कोई उसे पुकार रहा है।

सीन : 75

'नज़्मा, यह देखो, अलीमुल्लाह की मंगेतर की तसवीर है।' हरीश उसे एक छोटा-सा फ़ोटोग्राफ़ दे रहा था।

उसने ले लिया। देखा। अपनी तरफ़ से लड़की बहुत फ़ैशन में थी। हेमामालिनी के स्टाइल में आँखों का मेकअप। मीनाकुमारी के स्टाइल में मुस्कुराहट। वहीदा रहमान के स्टाइल में गर्दन का ख़म। शर्मिला टैगोर के स्टाइल में गालों का गड्ढा...

'लड़की नहीं, पँच-मेल मिठाई का डिब्बा है।' वी.डी. ने टुकड़ा लगाया और नज़्मा फिर हँस पड़ी। वही फुलझड़ी-सी हँसी।

अलीमुल्लाह को वह हँसी बुरी लगी। वी.डी. की बात और थी। वह दोस्त था। कुछ भी कह सकता था। पर बिस्तर की चादर की तरह बिछी हुई यह लड़की उस लड़की पर नहीं हँस सकती जिसे अलीमुल्लाह की माँ ने अलीमुल्लाह की बीवी बनने के लिए पसन्द किया हो।

बस, बात बढ़ गई। वी.डी. ने नज़्मा का साथ दिया। और वी.डी. नज़्मा का साथ कैसे न देता? वह एक पैदाइशी प्रोलतारी था। वह जोश में आकर, हमेशा की तरह, पलंग पर अकड़कर बैठ गया और सिगरेट के लम्बे-लम्बे दम मारने लगा, और खाँसने लगा, और तक़रीर करने लगा।

'आप अपने को समझते क्या हैं...'

वी.डी. को जब ग़ुस्सा आता था तो वह 'आप-जी' पर उतर आता था।

क़िस्सा मुख़्तसर यह कि अलीमुल्लाह ने उसी रात 'डिक्रूज़' छोड़ने का फ़ैसला किया। हरीश ने बहुत समझाया। झगड़े के बीच में आ जानेवाले अली अमजद ने भी समझाया, पर वह न माना।

और यूँ अली अमजद और वी.डी. 'डिक्रूज़' में पाँच महीनों के बक़ाया किराये के साथ और अपनी-अपनी ज़िन्दगी के सूनेपन के साथ अकेले रह गए। और इसीलिए 'डिक्रूज़ गेस्ट हाउस' के कमरा नम्बर पाँच में वह रात बडी मुश्किल से कटी।

सीन : 75

वी.डी. को अपने जीवन के सूनेपन का मज़ाक़ उड़ाना आता था, और शायद इसीलिए उसकी गिनती हँसमुख लोगों में होती थी। पर अली अमजद को अपनी उदासी छिपाने की कला नहीं आती थी।

पर वह एक बड़ी अजीब रात थी। कमरे का सन्नाटा इतना खुरदरा था कि ख़यालों की नर्म जिल्द छिली जा रही थी। वी.डी. पलंग पर था। अली अमजद सोफ़े पर।...और वी.डी. उदास था।

एकदम से बोला, 'यार, मुझे उदास होना नहीं आता। बहुत बोरिंग चीज़ लगती है।'

'तुम्हें अलीमुल्लाह की मंगेतर का मज़ाक़ उड़ाने की क्या ज़रूरत थी?'

'जब मैं अपना मज़ाक़ उड़ाता हूँ तब तो अलीमुल्लाह को कभी बुरा नहीं लगता। सईदा तो अभी नई-नई मंगेतर हुई है यार! मैं बचपन का दोस्त हूँ। नाइन्थ क्लास में दोनों फ़ेल तक साथ-साथ हुए। पहला इश्क़ तक हम दोनों ने मिल-जुलकर किया था...'

कमरे में फिर सन्नाटा हो गया, क्योंकि अली अमजद ने उस इश्क़ के बारे में कोई सवाल ही नहीं किया। दोनों अपने-अपने मैले और सख़्त तकियों पर सर रखे छत की तरफ़ देखते रहे और सिगरेट पीते रहे।

'उस इश्क़ के बारे में कुछ नहीं पूछोगे?' थोड़ी देर के बाद वी.डी. ने पूछा।

'नहीं,' अली अमजद ने कहा।

उसके पास अपने आधे-अधूरे इश्क़ थे। रुक़ैया, सबीहा, किशवर,... और क्या नाम था उसका? हाँ, लता। लगता है, जैसे यह नाम पिछले जन्मों की कहानियों से निकल आए हैं, या जैसे यह नाम किसी और की कहानी या ज़िन्दगी से तअल्लुक़ रखते हों! जैसे वह सिर्फ़ तमाशाई है...दूर बैठा ख़ुद अपना तमाशा देख रहा है। घाव के निशान देखकर घाव अवश्य याद आते हैं, पर दर्द तो नहीं याद आता ना!

याद क्या है?
एक निशाने-ज़ख़्म,
या एक रहगुज़र है।
ख़्वाब के नक़्शे-क़दम पर दर्द के नक़्शे-क़दम हैं।
रफ़्ता-रफ़्ता
ख़्वाब के नक़्शे-क़दम भी
दर्द के नक़्शे-क़दम भी
वक़्त के सहरा में जाकर
साथ इन चंचल बग़ूलों के कहीं पर
थक के गिर जाते हैं शायद—
गिर के मर जाते हैं शायद
कौन उनकी जुस्तजू में
वक़्त के सहरा में जाए!

रुक़ैया, सबीहा, किशवर और लता सिन्हा—चार नाम। साधारण दिखाई देनेवाले चार नाम। हिन्दुस्तान और पाकिस्तान में न जाने कितनी रुक़ैयाएँ, सबीहाएँ, किशवरें और लता सिन्हाएँ होंगी।

परन्तु पाकिस्तान क्यों?

परन्तु पाकिस्तान क्यों नहीं? रुक़ैया पाकिस्तान में है। सबीहा पाकिस्तान में है। किशवर पाकिस्तान में है। लता सिन्हा पाकिस्तान में है। और क्या...जो बिछुड़ जाए वह पाकिस्तान में है। अब जुदाई के कई नाम हो गए हैं। जुदाई की कई क़िस्में भी हो गई हैं। जुदाई जो घर के अन्दर है। जुदाई जो घर के बाहर है। जुदाई जो देशी है। जुदाई जो विदेशी है।...वह जो एक 'रट्टूमल भोंदूप्रसाद' हुआ करता था। हाँ, बाबू त्रिलोकनाथ श्रीवास्तव। घुटा हुआ-सा। लम्बी चोटी। मैली धोती। उजला कुर्ता। सुना था कि न्यूयॉर्क जाके टी.पी. श्रीवास्तव हो गया। नाम

के बाक़ी अक्षर और सर की लम्बी चोटी ग़ायब। कोई दो बरस हुए, टूरिस्ट वीज़ा पर हिन्दुस्तान घूमने आया था। उसकी गोरी-चिट्टी पत्नी, मिसेज़ सारा श्रीवास्तव, साथ आई थी।...टी.पी. अमरीकन हो चुका था! और हिन्दुस्तान को देखकर अपनी पत्नी ही की तरह एक्साइटेड था...?

टी.पी.!

एक इम्पोर्टेड जुदाई। अंग्रेज़ी लहजे में हिन्दी बोलती हुई जुदाई। दाल को 'डाल' कहती हुई जुदाई...!

रुक़ैया, सबीहा, किशवर और लता सिन्हा। लिफ़ाफ़े पर टिकट की तरह चिपकी हुई जुदाई। मैं ख़ैरियत से पाकिस्तान पहुँच गई। तुम बहुत याद आ रहे हो। तुम्हारे बिना कुछ अच्छा नहीं लग रहा है। जिस दिन बहुत जी घबराएगा, सबको छोड़-छाड़कर भाग आऊँगी। तुम नहीं तो यह पाकिस्तान क्या, मैं ख़ुदा की जन्नत में भी नहीं रह सकती... 'ख़ुदा की बस्ती'[1] से आया हुआ यह ख़त अली अमजद को ज़बानी याद था। यह याद नहीं आ रहा था कि यह ख़त रुक़ैया ने लिखा था या सबीहा ने। दोनों के ख़त बहुत मिलते-जुलते थे...फिर दोनों की शादी हो गई। अली अमजद को पता चला कि दोनों बहुत ख़ुश हैं। दोनों के पति भी बहुत ख़ुश हैं। जो ख़ुश नहीं है, वह अली अमजद है। और अली अमजद उन दोनों से बहुत दूर है।

रुक़ैया और सबीहा के बीच में जो दो साल बारह दिन हैं, उनका क्या बना? किस हाल में गुज़रे वे दो साल बारह दिन? गुज़रे कि नहीं? वह अपने इस सवाल से घबरा गया।

'तुम कुछ भी कहो। मगर अलीमुल्लाह को यह नहीं करना चाहिए था।' अली अमजद ने कहा।

'मैं कुछ कह ही नहीं रहा हूँ।' वी.डी. ने कहा।

कमरे में फिर सन्नाटा छा गया।

---

1. पाकिस्तानी उपन्यासकार शौकत सिद्दीक़ी के उपन्यास का नाम 'ख़ुदा की बस्ती' है।

सीन : 75

'बात यह है,' थोड़ी देर के बाद वी.डी. ख़ुद ही बोला, 'अलीम के अपने प्राब्लम्स हैं। वह कई महीनों से अलग होना चाहता था, पर कह नहीं पा रहा था। उसकी शादी होनेवाली है। ज़िम्मेदारियाँ बढ़नेवाली हैं। आज मुझे उस पर रहम आ गया तो मैंने उसे ख़फ़ा होने का मौक़ा दे दिया।'

'तो अब तुम करोगे क्या?' अली अमजद ने बड़ी बेदर्दी से सवाल किया।

'किसी और से दोस्ती कर लूँगा।' वी.डी. ने बड़ी सादगी से कहा, 'वैसे एक बिज़नेस भी ध्यान में आया है।'

'बिज़नेस और तुम?' अली अमजद उठ के बैठ गया।

'हाँ।' वी.डी. ने सिगरेट से सिगरेट सुलगाई, 'अपने-आपको बेचना शुरू करता हूँ। इस पर सेल्स टैक्स भी नहीं है।'

वी.डी. अपनी बात पर ज़ोर से हँसा।

रात के बम्बइया सन्नाटे में वह क़हक़हा बड़ा भयानक लगा। अली अमजद डर गया। उसने खिड़की से बाहर देखा। घोड़बन्दर रोड तालाब की टूटी हुई सीढ़ियों पर उकड़ूँ बैठी मुँह धो रही थी और पूरब का एक भैया अपनी साइकिल पर दूध के डिब्बे लादे लपका चला जा रहा था...।

अलीमुल्लाह दूसरे ही दिन वी.डी. को मनाने आया। पर वी.डी. ने उसे बहुत बुरा-भला कह के कमरे से निकाल दिया। अली अमजद मौजूद था, सब कुछ जानता भी था, पर कुछ कह नहीं सकता था।

उस दिन के बाद से वी.डी. और अलीमुल्लाह में बातचीत नहीं हुई। अलीमुल्लाह ने उसे अपनी शादी में भी नहीं बुलाया। वह चुपचाप 'डिक्रूज़' की दुनिया से निकल गया और शायद 'डिक्रूज़' को भूल गया। उसके पास जोगेश्वरी में एक बेडरूम-हॉल का अपना फ़्लैट

था। एक ख़ास अपनी, ओनरशिप की पत्नी थी। एक स्कूटर था। जीने के लिए और चाहिए भी क्या!

अलीमुल्लाह की पत्नी, सईदा, ने बहुत ज़ोर मारा कि वी.डी. जोगेश्वरीवाले फ़्लैट में उठ आए, पर वी.डी. टस-से-मस न हुआ। उसने तीन और दोस्त बना लिये। ख़ुश भी था कि उसका नया धन्धा चल निकला था।

वह फ़क़ीरों की एक वर्कशॉप चलाने और रोज़ी की याद करने और 'माई के अड्डे' पर ठर्रा पीने और मछली के तले हुए कतले खाने ही को ज़िन्दगी समझ रहा था...शायद।

रोज़ी कफ परेड पर अकेली थी।

अलीमुल्लाह जोगेश्वरी के एक बेडरूम-हॉलवाले फ़्लैट में अकेला था और उसी के साथ लेटी हुई सईदा बिस्तर पर अकेली थी क्योंकि अलीमुल्लाह किसी दवा का इश्तिहार था...खाने से पहले!

हरीश जुहू-पार्ले स्कीम के एक तीन बेडरूम-हॉलवाले फ़्लैट में अकेला था। उसके पास अपनी दो कारें और तीन रखैलें थीं। ख़ुद उसे नज़्मा ने रख छोड़ा था। पर वह अकेला था...क्योंकि जिस फ़्लैट में वह मालिकों की तरह रह रहा था, उस पर नज़्मा की नेमप्लेट लगी हुई थी। हरीश अकेला है क्योंकि अलीम और अली अमजद की तरह उसने भी मार्क्सवाद से 'सिक लीव' ले रखी थी। जिस दिन उसने 'रॉयल सैल्यूट' पीना शुरू किया, उसी दिन उसने वी.डी. से मिलना छोड़ दिया।

अली अमजद को यह बात बुरी लगी। पर वी.डी. ने यह बात भी हँसी में उड़ा दी।

'अरे यार, इन बातों पर सोचने के लिए वक़्त कहाँ है!' उसने 'चारमीनार' सुलगाने के बाद कहा, 'जो मुझसे नहीं मिलता वह हम लोगोंवाला हरीश थोड़े ही है। हम लोगोंवाला हरीश तो यहाँ इस गन्दे

कमरे में सोच भी लिया करता था और जी भी लिया करता। इस हरीश को तो सोचने के लिए सन-एन-सैंड का सुएट चाहिए। लिखने के लिए 'नॉट ब्लाँ' क़लम चाहिए। पीने के लिए 'रॉयल सैल्यूट' व्हिस्की चाहिए। सोने को डनलपपिलो का गद्‌दा चाहिए और टॉप क्लास की लड़की चाहिए। गोली मारो हरीश को। मुझे एक डायलॉग राइटर चाहिए।'

'क्या चाहिए तुम्हें?' अली अमजद चकरा गया।

'डायलॉग राइटर।' वी.डी. ने कहा, "मेरे साथ काम करोगे?'

'अरे, पर तुम्हें डायलॉग राइटर की क्या ज़रूरत पड़ गई?'

'एक डायलॉग राइटर से क्या काम बनेगा?' वी.डी. ने कहा, 'आजकल मेरे पास तीन डायलॉग राइटर, दो डाइरेक्टर, पन्द्रह मेकअप-मैन और चार ड्रेस-डिज़ाइनर काम कर रहे हैं। मैं तुम्हें राइटिंग डिपार्टमेंट का इंचार्ज बनाना चाहता हूँ!'

अली अमजद ने पहली बार वी.डी. की तरफ़ ग़ौर से देखा। उसके कपड़े अच्छे और साफ़ थे। जिस लाइटर से उसने अपनी 'चारमीनार' जलाई थी, वह सोने का था। उसकी ऐनक का फ्रेम सीपी का था। दाहिने हाथ की बीचवाली उँगली में एक प्लैटिनम की सिगनेट रिंग थी...।

वी.डी. मुस्कुराया। बोला, "मैंने सेकेंड हैंड ज़िन्दगी का धन्धा शुरू कर दिया है।'

'फ़िल्म बना रहे हो क्या?'

'चूतिया हूँ कि फ़िल्म बनाऊँगा? मैं भिखमंगों की एक वर्क-शॉप चला रहा हूँ!'

अली अमजद को यक़ीन नहीं आया।

'दो हज़ार रुपए महीना दूँगा।" वी.डी. ने कहा, 'सोच लो।'

सोचना क्या था! अली अमजद चार महीनों से बिलकुल बेकार था। मगर...

जाहिर है, 'मगर' तो आएगा बीच में।

सीन : 75

'बात क्या है कि भीख माँगने की तरफ़ अभी तक पढ़े-लिखे लोगों का ध्यान नहीं गया है। अब तक यह रैकेट गुंडों के हाथ में था और तुम जानो, गुंडों में कोई एस्थेटिक सेंस तो होता नहीं। किसी की आँखें फोड़कर उसे अन्धा फ़क़ीर बना दिया। किसी की टाँगें तोड़ दीं, वग़ैरह-वग़ैरह। एक दिन लेटे-लेटे ब्रेन-वेब आ गई कि भीख माँगने के काम को साइंटिफ़िक तरीक़े से आर्गनाइज़ किया जाए तो बहुत माल मिलेगा...'

पता चला कि वी.डी. ने इस सवाल की ऊँच-नीच पर बहुत सोचा है। काम जोखम का भी था। जो लोग बड़े शहरों में भीख मँगवाने का काम करते हैं, वह भला किसी वीरेन्द्रकुमार, एम.ए. (इकोनॉमिक्स) को इस धन्धे में घुसने क्यों देंगे! पर वी.डी. आदमी जिद्दी था। ठान गया कि मैं तो यही काम करूँगा।

तो एक दिन वह हाजी फ़क़ीरा के पास यह प्रोग्राम लेकर चला ही गया कि यह काम उस धन्धे से मेल खाता था। उन दिनों हाजी फ़क़ीरा भी किसी नये धन्धे में पैसा लगाने की सोच रहे थे।

यह बात बम्बई में हाजी फ़क़ीरा के सिवा कोई नहीं जानता था कि उसका असली नाम शिवमंगल प्रसाद है। पीलीभीत में तीन क़त्ल करके बम्बई भाग आए और शिवमंगल प्रसाद से हाजी फ़क़ीरा बन गए। दाढ़ी उग आई। माथे पर सज्दे का निशान बन गया। हद तो यह है कि उन्होंने एक मामूली-सा ऑपरेशन भी करवा लिया कि किसी घपले का डर ही न रह जाए। दो-चार बरस में भिंडी बाज़ार, महम्मद अली रोड, जे.जे. अस्पताल क्षेत्र में वह अच्छे-खासे मुसलिम लीगी नेता भी हो गए। कॉरपोरेशन का चुनाव हुआ तो लीग के टिकट पर चुनाव लड़े भी और जीते भी। पर उनका असली धन्धा था हाज़ियों को ब्लैक के भाव विदेशी पैसा देना और उनसे विदेशी माल मँगवाना। धीरे-धीरे

सीन : 75

उनका काम चल निकला तो उन्होंने एक फ़िल्म स्टारनी को डाल भी लिया और हज भी कर आए। पुलिस में उनका रुसूख़ दिन दूना, रात चौगुना बढ़ने लगा। अखिल भारतीय पीढ़ी के नेता लोग उनके घर आकर चाय पीने लगे और अपनी-अपनी पार्टी के लिए चन्दा ले जाने लगे।

...तो समाज में उनकी इज़्ज़त बढ़ी। कई स्कूल कमेटियों के अध्यक्ष चुन लिये गए। अध्यक्ष चुने गए तो हस्ताक्षर करना सीखना पड़ा और यूँ वी.डी. से उनकी पहली मुलाक़ात हुई। वी.डी. उन्हें बहुत पसन्द आया तो वह उनका सेक्रेटरी हो गया। उनके लिए तक़रीरें लिखने लगा। और उसी ने उन्हें अंग्रेज़ी के पचास-साठ शब्द ऐसे याद करवाए कि जिन्हें बातचीत में जगह-जगह फिसलाते रहने से वह पढ़े-लिखे मालूम होने लगे।

...बम्बई कॉरपोरेशन का चुनाव हुआ तो जनता ने हाजी साहब के कैंडिडेटों को जी भरके वोट दिया, क्योंकि जनता जानती थी कि हाजी फ़क़ीरा जनता के अपने आदमी हैं। मिनिस्टरों से उनकी दोस्ती है। अपोज़िशनवालों से उनकी बनती है। पुलिस तनख़्वाह सरकार से पाती है, पर कहा उनका मानती है...।

अब चूँकि वी.डी. की वजह से हाजी साहब की गिनती अच्छे-खासे पढ़े-लिखे लोगों में होने लगी थी, इसलिए उनके दरबार में उसकी मान-जान भी बढ़ गई थी। लोग अपने कामों के लिए उससे सिफ़ारिश करवाने लगे और उससे डरने भी लगे और जलने भी लगे।...और धीरे-धीरे उस पर हाजी साहब का एतबार भी बढ़ता रहा।

उसके हाथों से लाखों ख़र्च होते, पर हाजी साहब के इसरार के बावजूद वह डिक्रूज़ नम्बर पाँच से निकलकर 'सुररिंगार' के उस फ़्लैट में नहीं गया जो हाजी साहब ने उसी के लिए ख़रीदा था।

बात यह है कि वी.डी. एहसान करने का क़ायल था और एहसान उठाने के ख़िलाफ़ था। कई बार हाजी साहब से रूठकर घर (यानी डिक्रूज़

नम्बर पाँच) में बैठ चुका था और आख़िर आजिज़ आकर हाजी साहब ही आदमी भेजकर उसे बुलवाते।

यह फ़क़ीरों का स्कूल खोलने की बात भी किसी ऐसे ही दिन उसके ध्यान में आई थी। हाजी साहब किसी बात पर ख़फ़ा हुए, वह तुनककर बोला, 'नौकर हूँ। चमचा नहीं हूँ। सँभालिए अपनी नौकरी। मैं चला डिक्रूज़।'

'करेगा?' हाजी साहब ने पूछा क्योंकि वह बड़े प्रैक्टिकल आदमी थे, 'ख़ुदकुशी करेगा कि भीख माँगेगा?'

उस वक़्त तो उसकी समझ में इस सवाल का जवाब नहीं आया। तो 'माई के अड्डे' पर चुपचाप पीकर वह सोचता रहा और यकायक फ़क़ीरों का ट्रेनिंग सेंटर खोलने की स्कीम उसके दिमाग़ में आ गई। नाम उसने अंग्रेज़ी में रखा 'द बेगर्स वर्कशॉप प्राइवेट लिमिटेड'। प्राइवेट लिमिटेड तो करवाना ही पड़ेगा क्योंकि उसे यह मालूम था कि काम चल निकलने के बाद कम्पिटिशन सख़्त भी हो सकता है और सच पूछिए तो हाजी साहब का ख़याल उसे कम्पिटिशन के डर ही से आया।

'कमाल है।' हाजी साहब उसे देखकर हँसे, 'तुम तो सुधर रहे हो। बिना बुलाए ही आ गए!'

'एक नया धन्धा समझ में आया तो सोचा कि पहले आप ही से पूछ लूँ।' वी.डी. ने कहा, 'आप मना करेंगे तो किसी और से बात करूँगा...'

हाजी फ़क़ीरा भला क्यों मना करते!

और यूँ 'बेगर्स वर्कशॉप' खुल गई। और तय यह पाया कि एक 'आल इंडिया बेगर्स यूनियन' बनाई जाए। और यह यूनियन फ़क़ीरों को संघटित करने का काम करे।

वी.डी. ने इस समस्या पर बहुत जी लगाकर विचार कर रखा था। उसका कहना था कि एक फ़क़ीर यदि एक ही क्षेत्र में भीख माँगता रहेगा तो थोड़े दिनों में लोग दुकानों के साइनबोर्डों और बिजली के

खम्भों की तरह उसके आदी हो जाएँगे। नतीजे में आमदनी कम हो जाएगी। इसलिए उसका प्रोग्राम यह था कि फ़क़ीरों का अड्डा ही नहीं, उनका शहर भी बदलते रहना चाहिए। जैसे सरकारी अफसरों की बदली होती है, उसी तरह फ़क़ीरों की भी बदली होनी चाहिए। जो यूनियन का वफादार है, उसे अच्छे सेंटर्स में ट्रांसफर किया जाए, जैसे—बम्बई, कलकत्ता, दिल्ली, काशी, प्रयाग, अजमेर। और जो फ़क़ीर लीडरशिप से अकड़ने की कोशिश करे, उसे गाजीपुर, प्रतापगढ़ और इसी तरह के दूसरे सड़े हुए क्षेत्रों में सज़ा के तौर पर ट्रांसफर कर देना चाहिए...।

हिन्दुस्तान के लोगों को भीख देने और भीख माँगने का बड़ा शौक़ है। जो भीख दे नहीं सकता, वह किसी-न-किसी स्टाइल में भीख माँगने लगता है। यानी पूरी सामाजिक ज़िन्दगी भीख के धागे में पिरोयी हुई है, इसलिए यदि भीख का राजनीतिक प्रयोग किया जाए तो हिन्दुस्तानी गणराज्य 'बेगर्स यूनियन' के कब्ज़े में आ सकता है।...

वी.डी. ने ऐसी पट्टी पढ़ाई कि हाजी फ़क़ीरा भारत गणराज्य के राष्ट्रपति होने के सपने देखने लगे...कि आराम की जगह वही है। और यूँ वी.डी. 'बेगर्स वर्कशॉप' का करता-धरता बन गया।

और वी.डी. के दुश्मनों को भी यह बात माननी पड़ेगी कि वी.डी. ने उस 'वर्कशॉप' में जी-जान से काम किया।

पहले यह 'वर्कशॉप' जोगेश्वरी के एक पुराने गैरेज में खोली गई। यह गैरेज दो-मंज़िला था। नीचे एक साथ दो गैरेज। ऊपर तीन कमरे, एक छोटी-सी बालकनी और एक संडास-कम-बाथरूम।

नीचे के एक गैरेज में ऑफिस था। दूसरे में कस्ट्यूम सेक्शन, मेकअप रूम और प्रॉपर्टी। ऊपर के तीनों कमरों में क्लास चलते थे।

वी.डी. भीख माँगने को एक कमर्शियल आर्ट बनाना चाहता था। इसीलिए वह कुछ संवाद-लेखक, कुछ मेकअप करनेवाले और एक-

आध डाइरेक्टर रखना चाहता था जो फ़क़ीरों को ठीक तरह से भीख माँगना सिखा सकें।

पहले तो फ़क़ीरों ने 'बेगर्स वर्कशॉप' का कोई नोटिस नहीं लिया; परन्तु जब 'वर्कशॉप' के फ़क़ीरों से कॉम्पिटिशन हुआ तो फ़क़ीरों ने देख लिया कि 'वर्कशॉप' वालों के सामने वे टिक ही नहीं सकते, तो धीरे-धीरे 'वर्कशॉप' की मेम्बरी बढ़ने लगी और वी.डी. को एक कार के साथ दो बॉडीगार्ड भी मिले। क्योंकि फ़क़ीरी का 'रैकेट' चलानेवाले 'वर्कशॉप' को आसानी से नहीं झेल सकते थे। दो-एक बार 'वर्कशॉप' पर हमला भी हुआ। वी.डी. को धमकाया भी गया। और यहीं हाजी फ़क़ीरा ख़ास तौर से काम आए। एक 'फ़क़ीर सेना' की स्थापना हुई और हाजी साहब उसके नेता हो गए। उन्होंने एक प्रेस कॉन्फ्रेंस में कहा :

'समाज और सरकार को चाहे यह अच्छा लगे या बुरा, पर अपने देश में करोड़-सवा करोड़ लोग मुस्तक़िल तौर से, और तीन-साढ़े तीन करोड़ लोग टेम्पोररी तरीक़े से भीख माँगने का काम करते हैं, यानी फ़क़ीर ही मुसलमानों के बाद हिन्दुस्तान की सबसे बड़ी माइनॉरिटी हैं और मुसलमानों और हरिजनों की तरह उन्हें भी यहाँ जीने और अपना कारोबार चलाने का पूरा अधिकार है।...और मैंने उनकी लड़ाई लड़ने का फ़ैसला किया है। आज मैं यह ऐलान करना चाहता हूँ कि 'फ़क़ीर सेना' विरोधियों का मुँहतोड़ जवाब देगी...'

और कुछ विरोधियों का मुँह जब सचमुच टूट गया तो फ़क़ीरी का रैकेट चलानेवाले समझ गए कि 'वर्कशॉप' से लड़ना अपनी शामत बुलवाना है...चुनाँचे 'वर्कशॉप' के पास बम्बई में भीख माँगने की मोनोपली हो गई।

...अली अमजद हक्का-बक्का रह गया। उसने वी.डी. की तरफ़ देखा। वी.डी. देवताओं की तरह मुस्कुरा रहा था।

'ट्राई करने में क्या हर्ज है यार?' वी.डी. ने कहा, 'दो हज़ार रुपए महीना कम नहीं होते। सोच लो।'

'ट्राई करता हूँ।' अली अमजद ने कहा।

'तो कल ताजमहल में एक कमरा बुक किए देता हूँ। हरीश के साथ बैठ जाओ स्क्रिप्ट पर।'

'हरीश के साथ!'

'नाम के लिए उसका फ़ोर्थ असिस्टेंट वर्कशॉप में काम करता है।' वी.डी. ने कहा, 'पर संवाद तुम लिखोगे तो तुमसे क्या पर्दा!'

बात तय हो गई।

दूसरे दिन ताज में हरीश और अली अमजद की मुलाक़ात हुई। दोनों में से कोई सच बोलने को तैयार नहीं था। इसलिए तय हुआ कि दोनों ही वी.डी. के साथ फेवर कर रहे हैं। पुरानी दोस्ती है। दोनों ने कभी यह सोचा भी नहीं था कि वी.डी. इतना गिर भी सकता है।

जब दोनों एक-दूसरे से ये बातें कह चुके और 'जिन और जिंजर' पी चुके, कोई चालीस-पचास फ़ोन करके लेखकों, कई प्रोड्यूसरों और डाइरेक्टरों को यह बता चुके कि वह 'ताज' से बोल रहे हैं, जहाँ वे एक स्क्रिप्ट पर बैठे हैं, तब काम शुरू हुआ।

हरीश और अली अमजद ने अभी हीरो यानी फ़क़ीर का नाम ही तय किया था कि वी.डी. का फ़ोन आ गया।

'कौन, अमजद?'

'हाँ।'

'ख़बर आई है कि शाहजहाँपुर में ज़बर्दस्त हिन्दू-मुस्लिम दंगा हो गया है। इसलिए वह बिहार के ख़त वाली स्क्रिप्ट अभी रहने दो। भुखमरी से लोग बोर भी हो चुके हैं। अरे, जब बम्बई ही में सैकड़ों लोग भूखे मर रहे हैं तो बिहार के भूखों में कौन-से सुर्ख़ाब के पर लगे हैं! फिर सुना है कि फ़िल्मवाले भी बिहारियों के लिए जुलूस निकालने वाले

हैं। तो दिलीप कुमार, राजकपूर, देव आनन्द, राजेश खन्ना और धर्मेन्द्र के सामने हमारे आर्टिस्टों को कौन पूछेगा? तो जब तक फ़िल्मवाले बिहारियों के लिए चन्दा माँगें, हम शाहजहाँपुर के फ़साद को क्यों न कैश कर लें? दो स्क्रिप्ट तैयार करो : एक भिंडी बाज़ार के लिए और दूसरा शिवाजी पार्क के लिए...'

'अच्छी बात है।'

'परसों तक शाहजहाँपुर से दोनों तरफ़ के सौ-सौ आदमी आ जाएँगे।' वी.डी. ने कहा, 'कुछ बच्चेवाली औरतें भी मँगवाई हैं।'

अली अमजद को एक ज़बर्दस्त आइडिया आया।

'यार, दो-चार जवान लड़कियाँ भी मँगवा लो। रेप की कहानी अच्छी बनती है!'

'रेप?' हरीश चौंका, 'नहीं भई। फ़क़ीरिनों के रेप से किसे हमदर्दी होगी!'

'फ़क़ीरिनें नहीं, हिन्दू-मुसलमान लड़कियाँ।' वी.डी. ने कहा।

कमरे में सन्नाटा हो गया।

शायद तीनों अपने-आपसे शरमा रहे थे। शायद तीनों यह नहीं जानते थे कि पीछे हटते-हटते वह यहाँ तक आ गए। शायद तीनों अपने-आपको पहचान नहीं पा रहे थे।

शाहजहाँपुर माँ-बहन की गाली की तरह अश्लील हो गया था।

'यार वी.डी....' हरीश कुछ कहते-कहते रुक गया।

'यह प्रोटेस्ट का युग नहीं है।' वी.डी. ने कहा, 'सिर नेहुड़ा कर वास्तविकता को एक्सेप्ट करना सीखो।...'

फिर सन्नाटा।

'यार आत्महत्या कर लो। तुम अली अमजद के किसी उपन्यास के पात्र नहीं हो कि लड़ते ही चले जाओगे। तुम, तुम हो। मैं, मैं हूँ। अली अमजद, अली अमजद है। हम तमाम लोग सोचते कुछ और हैं, करते कुछ और हैं। इसी कंट्राडिक्शन में हमारे जीने की सकत है।'

सीन : 75

कोई कुछ नहीं बोला।

अली अमजद ने दूसरी स्क्रिप्ट लिखने के लिए सादा काग़ज़ निकाल लिया।

वी.डी. खड़ा हो गया।

'चलता हूँ। फ़िल्म फ़ेयर अवार्ड का चक्कर चलाना है।'

'अवार्ड से तुम्हें क्या मतलब?' अली अमजद ने जलकर पूछा।

वी.डी. मुस्कुराया।

'**अखिल** भारतीय बेगर्स यूनियन' में नौ लाख अस्सी हज़ार सात सौ बारह मेम्बर हैं। अवार्ड से मुझे मतलब नहीं होगा तो किसे मतलब होगा? आकाशवाणी और रेडियो सीलोन पर फ़रमाइशी गाने बजवाने की मोनोपली भी मेरे पास है। जिस म्यूज़िक डाइरेक्टर को कहो, फ़्लाप करवा दूँ। अभी पिछले दिनों 'रैन बसेरा' फ़िल्म के ख़िलाफ़ मैंने ही आन्दोलन चलवाया था कि उसमें एक चोर का नाम वाल्मीकि था...मैं क्या वाल्मीकि का रिश्तेदार हूँ। पर बड़े-बड़े प्रोड्यूसर और डाइरेक्टर छेदीराम 'गवारा' के ख़िलाफ़ हैं कि उसने लो-बजट फ़िल्मों का चक्कर चला दिया है इसलिए बड़े-बड़े लोग उसकी फ़िल्मों की तारीफ़ करते हैं, पर एक 'एंटी छेदीराम गवारा फंड' भी है जो छेदीराम की फ़िल्में फ़्लाप करवाने के लिए है। मैं 'एंटी छेदीराम यूनाइटेड फ्रंट' की वर्किंग कमेटी का परमानेंट इनवाइटी हूँ। अरे-रे, दूसरी ज़रूरी बात भूल ही गया था। एक कैम्पेन के लिए डायलॉग की ज़रूरत है। हवा यह बाँधनी है कि राजेश खन्ना दिलीप कुमार से अच्छा ऐक्टर है।'

'यह कौन मानेगा यार?' अली अमजद ने कहा।

'कोई नहीं मानेगा।' वी.डी. बोला, 'एटमास्फ़ियर यह क्रियेट करना है कि राजेश खन्ना 'फ़िल्म फ़ेयर अवार्ड' के लिए पैसे खरच रहा है।

वह तो कर ही रहा होगा। पर 'बेगर्स यूनियन' इस साल का अवार्ड मनोज कुमार को दिलवा रही है। आध घंटे बाद वही मीटिंग है...'

वी.डी. चला गया।

हरीश लेट गया।

'यार, यह किस चूतिया-चक्कर में फँस गए हम लोग?' अली अमजद ने पूछा।

हरीश थोड़ी देर तक अपनी अधखुली आँखों से उसकी तरफ़ देखता रहा, जैसे उसके सवाल का जवाब सोच रहा हो! फिर बोला :

'हिन्दू लड़की का नाम लता रखते हैं।'

'अँय?'

'सवाल यह है कि लता माथुर हो, कि लता गुप्ता?'

'यह हिन्दू लड़की कहाँ से आ गई यार?'

'शाहजहाँपुर से।' हरीश ने कहा, 'लता सिन्हा अच्छा लगता है।'

रुक़ैया, सबीहा, किशवर और लता सिन्हा।

देखते-देखते
सारे दिन की थकी धूप
इस शाम की झाड़ियों में कहीं खो गई
और मैं
हिज्र के दर्द में मुब्तला
अपनी परछाइयों से जुदा,
रास्ते पर अकेला खड़ा रह गया...

अली अमजद भी लेट गया। वह रुक़ैया, सबीहा, किशवर और लता सिन्हा को याद कर लेने से थक गया था। याद कोई हल्की-फुल्की चीज़ नहीं होती, बादलों के गाले की तरह कि गुज़र जाए और पता भी न चले। हर याद गुज़रा हुआ एक ज़माना है...और कोई ज़माना हल्का नहीं होता।

सीन : 75

अली अमजद ने सामनेवाले ड्रेसिंग टेबल के आईने में अपना अक्स देखा। वह अपने को पहचान न पाया। बहुत बदल गया था। तो उसने आँखें बन्द कर लीं। गुनगुनाने लगा :

जिनसे मैं छूट गया अब वह जहाँ कैसे हैं
शाख़े-गुल कैसी है
फूलों के मकाँ कैसे हैं
जिस गली ने मुझे सिखलाये थे आदाबे-जुनूँ
उस गली में मेरे पैरों के निशाँ कैसे हैं?
शहरे-रुसवाई में चलती हैं हवाएँ कैसी
साख कैसी है जुनूँवालों की
क़ीमते-चाके-गरीबाँ क्या है
चाँद तो अब भी निकलता होगा
चाँदनी अपनी हिकायाते-वफ़ा
अब वहाँ किसको सुनाती होगी
चाँद को नींद न आती होगी
मैं तो पत्थर था,
मुझे फेंक दिया
ठीक किया
आज उस शहर में शीशे के मकाँ कैसे हैं...

'यार, जब तक यह न पता हो कि उसकी उम्र क्या है, सूरत-शक्ल कैसी है, तब तक उसके बारे में सोचूँ कैसे?' बहुत दूर से हरीश की आवाज़ आई।

'किसकी सूरत-शक्ल?' अली अमजद ने चकराकर पूछा।

'अरे यार, वही, लता सिन्हा...'

वही लता सिन्हा!

सीन : 75

तब तो वह चौबीस साल की थी। रंग साँवला। क़द लम्बा। चमकदार बड़ी-बड़ी आँखें, तर्शे हुए बाल...

जिन छोटे-छोटे बालों के साये ने
एक रात के सन्नाटे में
चुपके से मेरे कमरे में आकर
मुझपे वफ़ा का अह्द किया था,
जिन होंठों ने
मेरे सीने और चेहरे पर
प्यार के अंगारे बोये थे,
जिन गहरी-गहरी आँखों को
मेरे होंठों ने चुपके से बन्द किया था।
जिस पत्थर ने मेरे दिल में बैठ के घर के ख़्वाब तराशे,
उन पलकों, उन छोटे बालों, होंठों, आँखों—
और बेदार बदनवाली पत्थर की दिलकश मूरत
अपना वादा भूल गई है।
मैं अपने कमरे में,
अकेला,
घर के चंचल ख़्वाब को बहलाने में लगा हूँ
उसके बदन की ख़ुशबू,
अपने बाल बिखेरे
यादों का एक मैला-सा पैराहन पहने
इस कुर्सी पर बैठे-बैठे उकताकर गर उठ जाती है,
उस कुर्सी पर बैठ के फिर रोने लगती है।

कहानी ख़तम! पैसा हज़म!

सीन : 75

लता सिन्हा अली अमजद को ज़बानी याद थी—अपने नाम की तरह। दूसरे के ख़ूबसूरत शेरों की तरह। वह उसे गुनगुना चुका। परन्तु दूसरों के ख़ूबसूरत शेरों की सबसे बड़ी ख़राबी यह होती है कि आप उन्हें केवल गुनगुना सकते हैं, अपना नहीं सकते। यह सोचकर उदास भी हो सकते हैं कि वह शेर आपका क्यों नंहीं है।

अली अमजद को लता सिन्हा से कोई शिकायत भी नहीं थी। उसकी ट्रेजिडी यह थी कि वह कान्ता सिन्हा की बड़ी बहन थी और यदि किसी मुसलमान से शादी कर लेती तो कान्ता के ब्याह में अड़चन पड़ती...। दिल के आसपास भी कितनी पगडंडियाँ होती हैं!

ये पगडंडियाँ ज़ंजीर बन जाती हैं और दिल की तरफ़ आनेवाले सपनों को जकड़ लेती है।

अली अमजद कान्ता की शादी का इन्तज़ार करने पर तैयार था, पर लता के दिल के पास से उसकी बेवा माँ की पगडंडी भी गुज़रती थी और वह बड़ी बेटी को ब्याहे बिना छोटी को ब्याहने पर तैयार नहीं थी।

लता सिन्हा ने अली अमजद से बेवफ़ाई नहीं की। उसने तो बस, दिल मारकर, श्री बी.के. श्रीवास्तव, आई.ए.एस. से शादी कर ली। और अली अमजद के दिल में सन्नाटा हो गया।

आ जाव कि अब ख़लवते-दिल, ख़लवते-दिल है,
अब दिल के धड़कने की भी आवाज़ नहीं है...

'एक मुसलमान भी तो है?' हरीश ने पूछा।

'हाँ।' उसने कहा, 'किशवर।'

'यह तो बड़ा ख़ूबसूरत नाम है...तो कहानी यह हुई, मध्यवर्ग की रखते हैं उसे। बाप वकील था...'

'नहीं।' अली अमजद ने कहा, "किशवर का बाप लॉजिक पढ़ाते थे। चूँकि लड़का लड़की से प्यार करता है, और लड़की लड़के से, इसलिए साबित हुआ कि मुहब्बत कोई अच्छी चीज़ नहीं है...'

सीन : 75

'क्या?' हरीश चकरा गया, 'यह क्या लॉजिक हुई?'

'लॉजिक हुई हो या न हुई हो,' अली अमजद ने कहा, 'दोनों की शादी नहीं हुई।'

'हमें शादी से क्या मतलब? बल्कि मैं तो कहता हूँ कि शादी हुई। सुहागरात न मन सकी। वह घूँघट उठा ही रहा था कि बलवाई घुस आए। पति मार डाला गया और पत्नी को चौबीस आदमियों ने क्यू बनाकर रेप किया।'

'बिला वजह। बलवा हुआ ही नहीं था। किसी और से उसकी शादी ज़रूर हो गई। भला-सा नाम है उसके पति का। मुहम्मद अब्दुल्लाह खाँ, सिविल इंजीनियर, मुरादाबाद!'

'मुरादाबाद!' हरीश बोला, 'मुरादाबाद नहीं यार, शाहजहाँपुर। कुछ और सोच रहे हो क्या?'

'नहीं। मगर उसका नाम किशवर था। वह इलाहाबाद की थी और उसकी शादी मुरादाबाद के सिविल इंजीनियर मुहम्मद अब्दुल्लाह खाँ से हुई थी। और...' वह चुप हो गया।

'और क्या?'

'और यह कि मैं फिर अकेला रह गया।'

कमरे में फिर सन्नाटा छा गया।

और फिर थोड़ी देर बाद अली अमजद हरीश को कमरे के सन्नाटे के साथ अकेला छोड़कर चला गया। वह कहीं अकेला बैठकर ज़िन्दगी का बही-खाता ठीक करना चाहता था।

वी.डी., अलीमुल्लाह, हरीश...

रुक़ैया, सबीहा, किशवर, लता सिन्हा...

भोलानाथ, रमा चोपड़ा, मिसेज़ वर्मा, पीटर उर्फ़ रामनाथ लेखक...

सीन : 75

अली अमजद ने अपने-आपको नामों के एक घने जंगल में अकेला पाया। यही हाल सबका है। सभी नामों के जंगल में अपने व्यक्तित्व के टूटे हुए आईनों में हज़ार सिरोंवाले राक्षस बने खड़े हैं और अपने-आपको डरा रहे हैं। आगे कोई कल नहीं। गुज़ारे हुए कल की दीवार से पीठ लगाये सभी अपने वर्तमान की तरफ़ डरी हुई निगाहों से देख रहे हैं। बीते हुए कल के सिवा जैसे कोई सचाई ही न रह गई हो!

अली अमजद बहुत देर तक नामों के जंगल में भटकता रहा और सोचता रहा कि जीने और न जीने में क्या फ़र्क़ है!...बम्बई इस सवाल से बेख़बर अपनी सड़कों पर, उसके चारों तरफ़, अपनी भाग-दौड़ में लगी रही।

बम्बई!
आव,
हम-तुम चलें
नींद के गाँव में
धुन्ध के शहर में सारी परछाइयाँ सो गईं
इस पसीने के गहरे समुन्दर के साहिल पे टूटी हुई
सारी अँगड़ाइयाँ सो गईं।
शोर कम हो गया।
क़हक़हे सो गए।
सिसकियाँ सो गईं।
—सारी सरगोशियाँ सो गईं।
रास्ते,
चलते-चलते,
घरों में समाते गए।
शहर अकेला खड़ा रह गया।
क्यों न हम इस अकेले, भटकते हुए शह्र को साथ लेते चलें,

नींद के गाँव तक!
रात ढलने लगी।
आँख जलने लगी।
लफ़्ज़ ख़ुद अपनी आवाज़ के बोझ से थक गए।
आव,
सरगोशियों की रिदा ओढ़ लें!
आव सरगोशियों ही को रख़्ते-सफ़र की तरह बाँध लें!

परन्तु अली अमजद के पास सरगोशियाँ थी ही नहीं। कोई नींद के गाँव तक साथ जानेवाला भी नहीं था। सड़कें जाग रही थीं। पैरापेट के उधर सागर जाग रहा था। बड़ी-बड़ी बिल्डिंगों में रोशनियाँ जाग रही थीं।... बी.एस.टी. की बसें जाग रही थीं।...बस, 'माई का अड्डा' सो रहा था, क्योंकि वहाँ समाज-कल्याण केन्द्र का ऑफिस खुल गया था। और ऑफिस शाम को बन्द हो जाते हैं। मिस्टर और मिसेज़ डिसूज़ा मंगलौर वापस जा चुके थे...।

उसी रात उसे पता चला कि कुछ भीख माँगनेवालियों की दर्द-भरी कहानियाँ सुनने से शहर के कुछ क्षेत्र में हिन्दू-मुसलमान तनाव पैदा हो गया। एक-आध झड़पें भी हुईं...और वी.डी. मारा गया।

अली अमजद को ग़ालिब याद आ गए।
मारा ज़माने ने असदुल्ला खाँ तुम्हें।

वी.डी. जो यूँ न मरता तो उसकी मौत बेमज़ा लगती। अब पता नहीं, 'डिक्रूज़' के उस कमरे में कौन रहेगा...पहले दरवेश की कहानी ख़त्म हुई। बाक़ी तीनों दरवेश अपनी बारी के इन्तज़ार में हैं।

मिर्ज़ा ग़ालिब ने हरगोपाल तफ़्ता को एक ख़त में लिखा था :

सीन : 75

'मुझको देखो, न आज़ाद हूँ, न गिरफ़्तार। न ख़ुश हूँ, न नाख़ुश। न मुर्दा हूँ, न ज़िन्दा। जिये जाता हूँ। बातें किये जाता हूँ। रोटी रोज़ खाता हूँ। शराब गाह-गाह पिये जाता हूँ। जब मौत आएगी, मर रहूँगा। न शुक्र है, न शिकायत...'

यह ख़त वी.डी. भी लिख सकता था। यह ख़त हरीश भी लिख सकता था। अली अमजद भी लिख सकता था...

रात की कोई ग़ज़ल हो तो वही गाव
कि इस सुबह के पास
कोई नग़मा,
कोई आवाज़ नहीं
न उभरता हुआ सूरज है
न डूबा हुआ चाँद
रात के वन की तरफ़
मुँह किये
हैरान
परेशान
खड़े हैं हम लोग...
साँस रोके हुए बैठी है हर एक राहगुज़र
कोई आता ही नहीं लेके तमन्ना की सलीब
सख़्त हालात की पत्थर-सी ज़मीं पर गिरकर
क़हक़हे शीशे की मानिन्द हसीं,
दिल की तरह नाज़ुक थे,
क़हक़हे टूट गए।
हौसले पस्त हुए
रात-भर जागी हुई आँखों में
सुबह को तरसी हुई आँखों में

सीन : 75

सिर्फ़ जलते हुए लम्हों की तपिश
एक बेनाम ख़लिश।

'ज़बान ज़रा मुश्किल है।' हरीश ने कहा, 'लोग समझ नहीं सकते।'

'कौन लोग?' अली अमजद ने पूछा, 'वह लोग जिन्होंने वी.डी. को मारा?'

'नहीं।' हरीश ने कहा, 'वी.डी. को तो पढ़े-लिखे लोगों ने मारा। जिस सीन में वी.डी. क़त्ल हुआ, वह मेरा लिखा हुआ था और उसके संवाद तुमने लिखे थे।'

पिछले दस-बारह दिनों से वह यही बात अपने-आपसे छिपाए हुए था। और शायद अपनी आँखों में धूल झोंकने के लिए उसने यह कविता भी लिखी थी। इसीलिए वह झल्ला गया।

'न तुमने यह सीन लिखा था, न मैंने वह संवाद।' उसने कहा, 'हमसे वी.डी. ने लिखवाया था, और इस काम के पैसे बाक़ी हैं।' अली अमजद ख़ुद ही अपनी बात पर तिलमिला गया।

हरीश ने उसके गिलास में बोतल की बची-खुची व्हिस्की उड़ेल दी।

'वी.डी. और बाक़ी पैसों को गोली मारो यार! शराब पियो।'

अली अमजद पी गया और नीट व्हिस्की की कड़वी मज़ेदार गर्मी उसके सारे बदन में दौड़ गई। उसे नशे से ज़्यादा यह गनगनाहट पसन्द थी। इसीलिए वह अपनी शराब में पानी या सोडा नहीं मिलाता था... बाक़ी तमाम चीज़ों में तो मिलावट है ही। दूध से लेकर राजनीति तक, बिना मिलावट के बाज़ार में कुछ नहीं मिलता। शराब का भी कोई भरोसा नहीं। बोतलें असली होती हैं, शराब नक़ली...तो फिर उसमें पानी या सोडा मिलाने से क्या हासिल?

'तो साबित यह हुआ कि मार्कसिज़्म-विज़्म में कुछ नहीं रखा है।'

अली अमजद चौंक पड़ा। हरीश न जाने क्या-क्या कहकर इस नतीजे पर पहुँचा था। परन्तु वह यह नहीं कहना चाहता था कि उसने

हरीश की बात ही नहीं सुनी। इसलिए होंठों में एक सिगरेट लटकाकर, माचिस ढूँढ़ते हुए बोला :

'इसमें मार्कसिज़्म का क्या कुसूर है?'

'मार्कसिज़्म का कुसूर यह है कि हम उनसे अच्छे नहीं हैं, जिनके ख़िलाफ़ हम तक़रीर झाड़ते हैं। वी.डी. एक ज़माने में ज़िला कमेटी का सेक्रेटरी हुआ करता था। स्टूडेंट फेडरेशन का नेता हुआ करता था। बिलकीस बुखारी का आशिक़ हुआ करता था और मरा तो भीख माँगने का रैकेट चलाते हुए।'

'बिलकीस बुखारी तो बड़े मशहूरों में हुआ करती थी।' अली अमजद ने कहा, 'दस-बारह दिन मुझ पर भी आशिक़ रह चुकी है। क्या चीज़ थी, ख़ुदा की कसम! सब जानते थे कि वह किसी की नहीं, पर सब उसके इशारों पर नाचा करते थे। वह बहुत-से लड़कों को ले आई स्टूडेंट फेडरेशन में।'

'तुम्हें भी?'

'नहीं। मैं ज़रा पहले आ गया था।'

'मुझे तो वही लाई।'

'तुम्हें कितने दिनों बाद पता चला कि...'

'फ़्लर्ट थी साली।'

'पर थी बड़ी मज़ेदार। बिस्तर पर साथ लेटती तो लगता कि सुबह की ठंडी हवा साथ लेटी हुई है...'

वी.डी. की बात ख़ुद-ब-ख़ुद ख़त्म हो गई। बिलक़ीस बुख़ारी की बात होने लगी।...और जब शराब की दूसरी बोतल आधी रह गई तो दोनों यह बात भूल चुके थे कि वह अपने दोस्त वी.डी. की मौत का ग़म ग़लत करने के लिए शराब पीने बैठे थे।

ग़म कोई हिसाब थोड़े ही है कि ग़लत या सही होगा! ग़म तो एक वास्तविकता है। ज़िन्दगी की तरह। या शायद मौत की तरह। मौतें भी

तरह-तरह की होती हैं। एक मौत वी.डी. की भी है। और एक मौत वह भी है जिसे अली अमजद और हरीश अपनी ज़िन्दगी समझे बैठे थे। और एक मौत 'माई के अड्डे' की भी है...और एक मौत उन अच्छी कहानियों की भी होती है जो बुरी हिन्दी फ़िल्में बनने के लिए फ़ेमस महालक्ष्मी के किसी ऑफ़िस या पाली हिल और जुहू-पारले-स्कीम के किसी बँगले के ऐसे ड्राइंग-रूमों में बेची और ख़रीदी जाती हैं जिनसे उनके मालिकों के व्यक्तित्व का पता नहीं चलता।

मौत!
शाम तक सुबह से जी ऊब गया।
दिल भी सूरज की तरह डूब गया।
मौत!
मौज-दर-मौज है दर्द।
आस पट्टी से लगी बैठी है।
वक़्त के हाथ हुए जाते हैं सर्द।
आस्माँ ख़ाली है,
सूरज है,
न चाँद।
चाँदनी आँखों की अफ़्सुरदा है।
धूप चेहरे की है माँद
दिल की धड़कन में किसी और की चाप।
और वह,
जिसकी कोई रंग,
कोई रूप नहीं।
दिल के आँगन में कहीं धूप नहीं।
अली अमजद घर आ गया।

वी.डी. तो मरते ही रहते हैं। उसे सीन लिखना था।

सीन : 75

खिड़की की सलाख़ों के उधर ग्रिल के पार, नारियलों के झुंड तक उतरकर चाँद रुक गया था। कमरे में गई रात का सन्नाटा था। भोलानाथ खटक और रमा की लड़ाई ख़त्म हो चुकी थी।

अली अमजद ने फिर लिखना शुरू किया।

वही सीन 75। वही डाकख़ाना। वही मुंशी सड़क। वही अबुलख़ैर की अम्माँ और वही ख़त।

अबुलख़ैर की माँ :

...और अबुलख़ैर के अब्बा को मालूम होय कि हियाँ सब ख़ैरियत है। दू महीने से हम्में साँझ के बख़त हरारत हो जा रही। अबुलख़ैर के बड़के बेटे को काली खाँसी है। छोटके को माता निकली है। ओकी दुलहिन को कानी कौन बीमारी हो गई है, पता ना चल रहा। अबुलख़ैर को एक ठो माटीमिला ढकसीवाला धकिया दिहिस। टँगरी की हड्डी दू जगह से टूट गई है। पलस्तर चढ़ गया है। उम्मीद है कि उहाँ भी सब ख़ैरियत होगी।

[मुंशी सड़क मुस्कुरा देता है।]

मुंशी सड़क :

सब तो बीमार हैं। फिर ख़ैरियत क्यों लिखवा रही हो?

[राजा की आवाज़ आती है।]

राजा :

ख़ैरियत का मतलब अब ई है मुंशी सड़क, कि मरे नहीं, ज़िन्दा हैं।

[मुंशी उदासी के राजा की तरफ़ देखता है।]

सीन : 75

मुंशी सड़क :

पोस्ट ऑफ़िस पर बैठ के ख़त लिखना शुरू किया तो जाना कि अपने देश में दुख बहुत हैं।

राजा :

धीरे बोल। नहीं तो दुख साले पर भी टैक्स लग जाएगा...।
अली अमजद लिखते-लिखते रुक गया। उसने आख़िरी संवाद कई बार पढ़ा, फिर उसने आख़िरी संवाद को काट दिया। उसकी जगह उसने दूसरा संवाद लिखा।

राजा :

चलो मुंशी सड़क। कोई चीज़ तो साली जियास्ती है देस में।
उसने इस संवाद को भी काट दिया। उसने तीसरा संवाद लिखा है।

राजा :

अरे दुख-सुख तो सब तकदीर का चक्कर है मुंशी सड़क। तुम साला ख़त लिखे जावो और अपने पचीस पइसे सीधे किये जाव!
यह भी नहीं जँचा। उसने चौथा संवाद लिखा।

राजा :

तुम साला मुंशी सड़क है। कोई भगवान नहीं है। तुम साला ख़त लिख रहा है। तगदीर नहीं लिख रहा है।
[मुंशी सड़क राजा की तरफ़ देखता है और थूक लगाकर अबुलख़ैर की माँ का लिफ़ाफ़ा बन्द कर देता है।]

[कट]

सीन : 75

सीन ख़त्म हो गया।

रात बाक़ी थी। कमरे के अन्दर और बाहर गई रात का सन्नाटा उसी तरह था। खजूरों का झुंड चुप था। पुराने क़िले का खँडहर चुप था।

अली अमजद ने 'सीन : 75' को पढ़ा। कटी हुई लाइनों को पढ़ा। फिर नया काग़ज़ लेकर 'सीन : 75' को साफ़ करने लगा...चुनाँचे काग़ज़ पर एक बिना कटा-पटा सीन उतर आया।

झगड़े की जड़ तक़दीर निकली। तक़दीर से कौन लड़ सकता है अबुलख़ैर की अम्माँ? घर में सब बीमार हैं पर अबुलख़ैर के अब्बा को यही लिखवाती जाओ कि यहाँ सब ख़ैरियत, और, और अल्लाह की ज़ात से उमीद है कि वहाँ भी सब ख़ैरियत होगी...

क़लम मुंशी सड़क के हाथ में है, पर ख़त तो अबुलख़ैर की माँ लिखवा रही है।

अली अमजद ने 'सीन : 75' को फ़ाइल में लगा दिया। रात का सन्नाटा यकायक और बढ़ गया। और समुद्र जैसे उसके कमरे की दीवारों से टकराने लगा और उसे लगा कि जैसे वी.डी. सामनेवाली कुर्सी पर बैठा मुस्कुरा रहा है...

अली अमजद को एक लम्बी जँभाई आई। एक गिलास ठंडे पानी के साथ 'केम्पोज़' की दो टिकियाँ खाकर वह अपने अकेले बिस्तर पर लेट गया।

पड़ोस में झगड़ा ख़त्म हो चुका था। रमा किसी बात पर हँस रही थी। खटकजी लव-सीन कर रहे थे और कमरे के बाहर रात ख़त्म हो रही थी।

अली अमजद ने आँखें बन्द कर लीं।...नींद नहीं आई तो उसने 'केम्पोज़' की दो गोलियाँ और खा लीं। वह गहरी नींद सोना चाहता था, क्योंकि कल उसकी पहली बड़ी फ़िल्म का प्रीमियर होनेवाला था...

डिजाल्व

अली अमजद के मरने की ख़बर किसी पत्र में नहीं छपी, क्योंकि ज़िन्दगी ही की तरह उसने मरने के लिए भी बुरा वक़्त चुना। सवेरे के साढ़े तीन बजे मरना बड़ी बेवकूफ़ी की बात है। 'स्टाप प्रेस' समाचार में भी जगह नहीं मिल सकती।

उसके नौकर फ़र्नांडिस को साढ़े तीन बजे के क़रीब ऐसा लगा कि जैसे कोई उसे पुकार रहा हो। उसे जागने में कुछ देर लगी। वह जागा तो आवाज़ बन्द हो चुकी थी। वह फिर सो गया।

साढ़े दस के आसपास जब वह चाय की प्याली लेकर अली अमजद के कमरे में गया तो उसने देखा कि वह पलंग से नीचे गिरा हुआ है।

फ़र्नांडिस की जगह कोई और नौकर रहा होता तो उसके हाथ-पाँव फूल गए होते, पर फ़र्नांडिस समझदार आदमी था। पेरी मेसन, कार्टर ब्राउन, अगाथा क्रिस्थी, आएन फ़्लेमिंग, पीटर शेनी...गरज कि वह उन तमाम लेखकों को पढ़ चुका था जिनकी कहानियाँ चुरा-चुराकर अली अमजद और दूसरे कई लेखक मशहूर फ़िल्मी लेखक बन चुके थे। वैसे तो वह मंगलोरियन था। परन्तु हिन्दी के एक लेखक के यहाँ

नौकरी करने के कारण उसे भी साहित्य का चस्का पड़ गया था। वह अक्सर सवेरे की चाय पिलाते हुए या रात का खाना खिलाते-खिलाते अपना एक-आध 'आइडिया' अपने 'सहिबा' को सुना दिया करता था। उसकी हर कहानी शुरू एक ही तरह से होती थी, 'सहिबा, रात नींद नईं आता था, तो एक ऐडिया आ गया...बिलकुल हटके है ये ऐडिया।...'

अली अमजद चुपचाप सुनता रहता। इसीलिए तो वह अली अमजद से प्यार करने लगा था। उसे फन्दा फटयालवी, रामनाथ बनारसी और कमाल अमरोहवी ने बहुत फँसाना चाहा, पर वह किसी के चक्कर में नहीं आया।

'सहिबा माफ़िक साला प्यार करनेवाला सेठ अक्खा बम्बई कैयसा, साला अक्खा वर्ल्ड में नहीं है...'

उसे एक सौ दस रुपए महीने की नौकरी कबूल थी, पर वह अपने 'सहिबा' को छोड़ने को तैयार नहीं था...।

रामनाथ बनारसी के पास एक मर्सिडीज़ कार और एक चौबीस बरस की प्राइवेट सेक्रेटरी थी—जो उर्दू-हिन्दी नहीं जानती थी। पर ख़ुद रामनाथ उर्फ़ पीटर बनारसी भी यूँ ही-सी हिन्दी-उर्दू जानता था। फ़र्नांडिस को वह सेक्रेटरी अच्छी भी लगती थी। जो वह रामनाथ बनारसी के साथ टीम बना लेता तो शायद वह भी एक कार और एक सेक्रेटरी रख लेता। फन्दा जी ने तो उसे हज़ार रुपए महीने की नौकरी भी ऑफ़र की, पर फन्दा जी में वह 'सहिबा'वाली बात नहीं थी। वह अली अमजद के लिए माउंट मेरी और माहिम चर्च पर नोवीना करता। हर संडे को कैंडिल जलाता और उसे अपनी कहानियाँ सुनाता और जब अली अमजद आख़िर में मुस्कुरा देता तो फ़र्नांडिस की ज़िन्दगी का कोई मतलब निकल आता...

इसलिए जब फ़र्नांडिस ने यह देखा कि उसका सहिबा उसे छोड़ गया तो पहले उसे यक़ीन ही नहीं आया कि 'सहिबा' ऐसी धोखाधड़ी भी कर सकता है। उसका जी चाहा कि वह 'सहिबा' को झिंझोड़कर पूछे कि उसने ऐसी धोखाधड़ी क्यों की? परन्तु वह चेज़ और पेरी मेसन

और किस्थी को पढ़ चुका था। इसलिए उसने कमरे की किसी चीज़ को हाथ नहीं लगाया।

वह किचन में बैठकर रोने लगा।

जासूसी उपन्यासों में उसने यह पढ़ा था कि पहले पुलिस को फ़ोन करना चाहिए। पर पेरी मेसनवाले उपन्यासों में पहले पेरी मेसन को फ़ोन करते हैं। तो पेरी मेसन कौन है? वी.डी. मर चुका है। अलीमुल्लाह के पास फ़ोन नहीं है। अब बचा हरीश। और उसकी जिस फ़िल्म का प्रीमियर है, उसका नाम तो वैसे 'पलकों की छाँव' है, पर वह पेरी मेसन ही की एक कहानी से उठाई हुई कहानी है : 'द केस ऑफ़ द क्रूकेड नोज़।'

तो फ़र्नांडिस ने हरीश को फ़ोन किया, 'साब! सहिबा खलास हो गया।'

हरीश सन्नाटे में आ गया। पलंग पर पड़ी हुई नंगी लड़की ने एक सिगरेट जलाई। यह कोई नई लड़की थी। हरीश की किसी बननेवाली फ़िल्म की साइड हीरोइन।

हरीश ने उसकी तरफ़ देखा। उसके नंगे बदन पर आँखें फेरीं। गुज़री हुई रात का मज़ा ताज़ा हो गया।

'पुलिस को फ़ोन कर दें साब?' उधर से फ़र्नांडिस ने पूछा।

'नहीं।' हरीश ने कहा, 'पुलिस को मैं फ़ोन करूँगा। मैं अभी आता हूँ।'

बात ख़त्म हो गई।

हरीश चक्कर में पड़ गया। यदि अली अमजद के मरने की ख़बर फैल गई तो प्रीमियर चौपट हो जाएगा।

'आव न डार्लिंग।' नंगी लड़की बोली, जो जागने के बाद से अब तक न जाने कितनी बार, दिल-ही-दिल में हेमामालिनी बन चुकी थी।...

हरीश ने कोई जवाब नहीं दिया। उसे प्रीमियर की फ़िक्र थी।

अली अमजद उसका दोस्त था।

उसने असिस्टेंट इंस्पेक्टर जोग को फ़ोन किया, 'यार जोग साहब, एक बड़ा चक्कर हो गया।'

सीन : 75

'क्या वह मैरिड निकली?' जोग ने पूछा।

हरीश हँस दिया।

'वह बात नहीं है।'

'फिर? बाई द वे, प्रीमियर के दो कार्ड और मिल सकते हैं?'

'मुझे तो प्रीमियर ही होता नहीं दिखाई देता।'

'क्यों?' नंगी लड़की ने पूछा।

'ओह! शट अप।'

'व्हाट?' जोग ने पूछा।

'यार, ये लड़कियों को अक्ल कब आएगी?'

'नो होप।' जोग ने कहा, 'लड़कियों को अक्ल आ जाए तो सरकार फ़ैमिली प्लानिंग पर ख़र्च होनेवाले करोड़ों रुपए बचा ले।' जोग अपने मज़ाक़ पर जी खोल के हँसा।

'अली अमजद से मिलाया था न मैंने तुमको?'

'वह राइटर?'

'हाँ!'

'हाँ-हाँ यार, याद आ गया। बड़ा मज़ेदार आदमी है।'

'उसी का तो चक्कर है।' हरीश ने कहा, 'आज ही प्रीमियर है। और वह मर गया। समझ में नहीं आता, क्या करूँ?'

'मर कैसे गया?'

'पता नहीं। मैं अभी वहीं जा रहा हूँ।'

'कहाँ जा रहे हो?' नंगी लड़की ने पूछा।

'मैं भी आता हूँ।' जोग ने कहा।

'मैं कोई आधे घंटे में पहुँचूँगा। अभी शेव तक नहीं किया है।'

बात ख़त्म करके हरीश सीधा बाथरूम की तरफ़ भागा। दाढ़ी बनाए बिना घर से बाहर न निकलना उसकी ज़िन्दगी का उसूल नम्बर एक था। उसकी ज़िन्दगी का कोई और उसूल था ही नहीं।

सीन : 75

फिर वह यह भी जानता था कि अली अमजद की मौत पर उसे कोई-न-कोई बयान भी देना पड़ेगा। और एक मर्तबा घर से निकलने के बाद उसे सोचने का मौक़ा मिलनेवाला नहीं, यह वह अच्छी तरह जानता था।

आईने में उसने अपने चेहरे को उदास बनाकर देखा। उसे अपना उदास चेहरा अच्छा नहीं लगा। उसने आँखों को और उदास कर लिया...

अली अमजद मरा नहीं, क़त्ल किया गया है। और उसे क़त्ल किया है इस जालिम समाज, बेमुरव्वत हालात और इस बेदर्द फ़िल्म इंडस्ट्री ने...।

उसने गर्दन झटक दी। बयान का यह स्टाइल उसे अच्छा नहीं लगा।

मेरा दोस्त अली अमजद एक आदमी की तरह जिया और किसी हिन्दी फ़िल्म की तरह बिला वज़ह, ख़त्म हो गया।...

दाढ़ी बनाते-बनाते उसने अपना बयान तैयार कर लिया। और इसलिए जब वह अली अमजद के फ़्लैट में दाख़िल हुआ तो वह बिलकुल परेशान नहीं था।

फ़र्नांडिस रो रहा था।

फिर जोग आ गया। और तब हरीश उसके साथ अली अमजद के बेडरूम में गया।

अली अमजद पलंग के नीचे पड़ा हुआ था।

'मर चुका है।' जोग ने कहा।

हरीश ने अली अमजद की लाश की तरफ़ देखा।

'फ़िक्र न करो।' जोग ने कहा, 'मैं पोस्टमार्टम नहीं होने दूँगा।'

'नहीं।' हरीश ने कहा, 'दोस्ती अपनी जगह है। क़ानून अपनी जगह है। पोस्टमार्टम ज़रूर करवाव।'

हरीश यह सोचकर घबराया था कि जो पोस्टमार्टम न हुआ तो ठीक प्रीमियर के समय अली अमजद का दफ़न-कफ़न हो रहा होगा और वह अली अमजद के दफ़न-कफ़न को मिस नहीं करना चाहता था।

'आफ़्टर आल, यह मेरे दोस्त की लाश है।' उसने अपने-आपसे कहा, 'एंड फ़र्दरमोर, अली अमजद कभी यह न चाहता कि उसकी

वज़ह से 'पलकों की छाँव' का प्रीमियर न हो जबकि गुजराल साहब ख़ास इस प्रीमियर के लिए दिल्ली से आ रहे हैं...और प्रीमियर के बाद 'ताज इंटर कांटिनेंटल' में कॉकटेल पार्टी है!'

'तुम्हारी मर्ज़ी।' जोग ने कहा, 'फ़ोन किधर है?'

'किचन में।'

जोग एम्बुलेंस के लिए फ़ोन करने चला गया। और जब एम्बुलेंस आई तब 'सुरसिंगार हाउसिंग सुसायटी प्राइवेट लिमिटेड' के लोगों को पता चला कि अली अमजद मर गया है।

रमा चोपड़ा फ़ौरन फ़ोन घुमाने बैठ गई। पहला फ़ोन उसने मिसेज़ मिढा को किया, 'एक गल सुनो, मैं कया, अली अमजद डाएड। येस। लास्ट नाइट।' और फिर वह सचमुच रोने लगी।

रमा उस अली अमजद के लिए रो रही थी जो उसका कोई नहीं था, 'हाय बिचारा। सोणा मुंडा था...'

खटक जी तौलिया बाँधे बाथरूम से निकल आए। उन्होंने रमा की बात काट के मनचन्दानी का नम्बर डायल किया, 'हलो।'

'हलो।' उधर से मिसेज़ मनचन्दानी बोलीं।

'वह तुम्हारा किरायादार रात मर गया।'

'क्या? कैसे मरा?'

'कैसे भी मरा हो। मुझे वह फ़्लैट चाहिए। बेचना हो तो बेच दो। किराए पर देना हो तो वह भी चलेगा। पगड़ी लेनी हो तो वह कहो।... ठीक है। नहीं, शाम को नहीं। शाम को तो कफ़न-दफ़न में जाना पड़ेगा। कल सवेरे मिलता हूँ...'

'शरम नहीं आती?' रमा ने कहा, 'वह बिचारा तो मरा पड़ा है और तुम फ़्लैटाँ दी गल कर रहे हो?'

'तुम्हें इतना दुख क्यों हो रहा है उसके मरने का...?'

'आशिक़ था न मेरा।'

सीन : 75

'क्या पता, रहा ही हो...!'

फ़ोन की घंटी बजी। खटक जी एकदम से भोलेनाथ बन गए।

'हलो।' उन्होंने प्यार से कहा।

'जी, मैं रामनाथ बनारसी बोल रहा हूँ। यह अली अमजद के बारे में क्या सुन...'

'ख़ुद फ़्लैट से निकलकर देख क्यों नहीं लेते?' वह भोलेनाथ से खटक जी बन गए। रमा से बोले, 'उस हरामी दा पुत्तर के वास्ते अपना घराँ विच रोणा-धोणा नहीं होयेगा...'

वह तौलिया बाँधे-बाँधे बाहर चले गए। बाहर सोसायटी के कई लोग खड़े थे। अली अमजद ही की बात हो रही थी। 'सुरसिंगार हाउसिंग सुसायटी प्राइवेट लिमिटेड' के पन्द्रह बरस के इतिहास में आत्महत्या, हत्या या शायद सीधी-सादी साधारण मृत्यु की यह पहली मिसाल थी।

इतने लोगों को देखकर खटक जी फिर अन्दर लपक लिये। ईंटई रंग की शर्ट और जैतूनी बेलबाटम पहनकर, पाँच सौ पचपन की एक सिगरेट दबाए वह फिर आ गए।

वही लोग वहीं खड़े थे। और बातें यह हो रही थीं कि अली अमजद के घर से कोई तो आएगा। क़ालीन अच्छा है। और उस क़ालीन पर कई लोगों की निगाह थी।

रमा अन्दर सचमुच रो रही थी, उस तक भी क़ालीन की बातें आ ही गईं। उसने दरवाज़ा खोलकर, रोई हुई लाल आँखों से लोगों की तरफ़ देखा।

'उस क़ालीन की बात तो दो दिन हुए, मैं भाई साब से कर चुकी थी। वह कहते रहे कि मैं बहन से दाम नहीं लूँगा। मैं टिकी रही कि दाम तो मैं ज़रूर दूँगी। आठ सौ पर बात ठहर गई थी।'

'रमा से तो स्वर्गीय अली अमजद को बड़ा प्यार था। क्या आदमी था साहब! मुसलमान लगता ही नहीं था।...अभी कोई दस-बारह दिन हुए, एक कटग्लास का वाज़ है ना ड्राइंगरूम में, मैंने तारीफ़ कर दी।

बस, सिर हो गए कि ले जाओ...मैंने बहुत टाला। पर वह ज़िद कर गए। तो मैंने कहा, अच्छा अपनी वर्षगाँठ पर ले लूँगा।'

'वाज़ साला तो अपन से गिर के टूट गया।' फ़र्नांडिस ने आँसू पोंछते हुए कहा, 'दू महीना से बेसी हुआ।'

मिसेज़ वर्मा के सिवा किसी ने खटक की तरफ़ नहीं देखा। पर सब चुप ज़रूर हो गए।

ठीक उसी वक़्त एम्बुलेंसवाले, जोग के पीछे-पीछे स्ट्रेचर पर अली अमजद की लाश लेकर निकले और 'सुरसिंगार हाउसिंग सुसायटी प्राइवेट लिमिटेड' के लोगों के बीच से गुज़र गए।

तब हरीश निकला।

'फ़र्नांडिस, घर का ख़याल रखना। लाश तो कल दोपहर से पहले नहीं मिलेगी...'

'जी साब।'

'दफ़न-कफ़न तो कल शाम ही को होगा?'

'जी साब।'

'मैंने तो बड़ी कोशिश की कि लाश का पोस्टमार्टम न हो।' हरीश ने सोसायटीवालों से कहा, 'जोग मेरा दोस्त भी है, पर अपनी नौकरी को ख़तरे में तो नहीं डाल सकता। बोला कि मरनेवाला मशहूर आदमी था। उसकी आत्महत्या की ख़बर छिप नहीं सकती।'

'आत्महत्या?' कई लोग एक साथ बोल पड़े।

हरीश ने जवाब देना मुनासिब न समझा। वह कन्धे झटककर आगे बढ़ गया और तेजी से सीढ़ियाँ उतरता सड़क पर आ गया।

सामने सागर ठहरा हुआ था। दो-तीन बच्चे एक-दूसरे के आगे-पीछे दौड़ रहे थे और हरीश की 'नोवा' अपनी चमचमाती लाल पालिश में सागर उतारे खड़ी हुई थी। और वह अली अमजद से फ़ारिग़ हो चुका था।

हरीश को, यकायक, 'पलकों की छाँव' के प्रीमियर ने दबोच

लिया। पता नहीं, यूसुफ़ साहब आएँगे या नहीं! तय यह हुआ था कि दिलीप कुमार ही मेहमानों से 'पलकों की छाँव' के यूनिट का परिचय करवाएँगे। धर्मेन्द्र, राजेश खन्ना और अमिताभ बच्चन को भी सँभालना पड़ेगा। धर्मेन्द्र तो ख़ैर फिर भी सादा आदमी है। हँसमुख। आम तौर से बुरा न माननेवाला। अमिताभ का भी ऐसा प्राब्लम नहीं था। पर राजेश खन्ना? इनफ़िरियारिटी कम्प्लेक्स है कमबख़्त को...!

हरीश ने कार स्टार्ट कर दी।

प्रीमियर नौ बजे रात को था।

सात ही बजे से भीड़ लगने लगी। पहले पुलिस आई। फिर लोग आए। तमाशाई स्टारों की कारें पहचानकर घेराव करने लगे...कि एक टैक्सी रुकी। खटक और मिसेज़ खटक। खटक जी ने सूट पहन रखा था और रमा के गले में हीरे का वह पेंडेंट जगमगा रहा था जो उसने ख़ास इसी मौक़े के लिए मिसेज़ मिढा से उधार लिया था। मिस्टर वर्मा नहीं आए। मिसेज़ वर्मा आईं। तालाराम दलाल अपनी सेक्रेटरी समेत आया। रामनाथ बनारसी आया। पंचारण मिश्र आए। अलीमुल्लाह आया।...वे तमाम लोग आए जिन्होंने अली अमजद के ज़रिये प्रीमियर के इनविटेशन प्राप्त किए थे...

सारा हॉल खचाखच भरा हुआ था। बस, एक कुर्सी ख़ाली थी। परन्तु भीड़-भड़क्के में किसी ने उस ख़ाली कुर्सी की तरफ़ ध्यान नहीं दिया। वह कुर्सी फ़िल्म के पटकथा लेखक सैयद अली अमजद हुसैनी तिरमिज़ी बाराबंकवी की थी!

'अली अमजद नज़र नहीं आया?' कॉकटेल पार्टी में अलीमुल्लाह ने हरीश से पूछा।

'हाँ।' हरीश ने कहा, 'वह कल रात किसी वक़्त मर गया।' यह कहते-कहते वह एकदम से मुस्कुरा दिया, क्योंकि एक फ़ोटोग्राफ़र पास खड़ी हुई हेमामालिनी के साथ उसकी तसवीर ले रहा था।

फ़ेड आउट